被心理操控的一生

你以為的選擇
其實早就寫好

安旻廷 著

SILENT CONTROL

我們以為自己在做選擇，其實只是習慣在推動人生
你追逐的自由，可能只是另一道隱形的枷鎖

目錄

序言

第一部　你以為的起點，其實早就偏了

第 1 章　你的人際劇本，從抱起那一刻就寫好了⋯⋯⋯013

第 2 章　學會學習，還是學會取悅？⋯⋯⋯⋯⋯⋯025

第 3 章　你怎麼交朋友，其實是學校教的⋯⋯⋯⋯035

第 4 章　青春期的叛逆，其實是求認同的方式⋯⋯⋯047

第 5 章　我們都活在一個叫「原生家庭」的 App 裡⋯⋯059

第二部　你以為的自由，其實只是慣性

第 6 章　人生大決定，其實都是系統 1 選的⋯⋯⋯⋯073

第 7 章　愛情裡你選誰，不是自由，而是投射⋯⋯⋯085

第 8 章　你花的不是錢，是安全感⋯⋯⋯⋯⋯⋯⋯⋯097

第 9 章　選擇太多，其實是選不下去的主因⋯⋯⋯⋯107

第 10 章　你總覺得沒選擇，是因為你放棄了選擇⋯⋯117

第三部　你以為的控制，其實是被情緒劫持

第 11 章　你沒那麼理性，只是情緒在裝懂⋯⋯⋯⋯⋯129

目錄

第 12 章　意志力不是練來的，是管理來的 …………139

第 13 章　工作裡的你，是家庭劇本的投影 …………149

第 14 章　你不是害怕投資，是害怕錯失與後悔 ………159

第 15 章　錢的問題從來不是錢，是你怎麼看自己 …… 169

第四部　你以為可以等，其實拖延正在吞噬你

第 16 章　拖延不是時間問題，是選擇恐懼症 …………181

第 17 章　目標混亂，是因為你不知道自己要去哪 …… 193

第 18 章　未來感不真實，是大腦預設的生存策略 …… 203

第 19 章　你不是沒時間，是選擇在逃避真相 …………213

第 20 章　為什麼你總在最後一刻才發狠衝刺？ ………223

第五部　你以為的終點，其實只是劇本再演一次

第 21 章　中年危機不是突然來的，
　　　　　是壓抑太久的結果 …………………………235

第 22 章　退休不是自由，而是身分危機的開始 ………247

第 23 章　遺憾從未消失，只是被收在心底某一層 …… 257

第 24 章　老去不是變弱，是變回最真實的你 …………267

第 25 章　死前的人生總結，其實早就藏在日常裡 …… 277

序言

◎先承認你心裡的那股拉扯

　　我們的人生，從來不是一條筆直的道路。更多時候，它是一條不斷岔開的小徑，沿途充滿了猶豫、徘徊、回頭與停下。你可能曾在深夜的床上翻來覆去，腦中想著要完成的工作、該處理的事情、想改變的生活習慣，但隔天一睜眼，又好像什麼都沒開始。

　　有人說，這叫「拖延」。但我更傾向把它理解成一種「啟動焦慮」──不是你懶，也不是你不想做，而是那一步看似簡單，卻牽扯著複雜的情緒與擔憂。

　　當你卡在起點，腦海裡會浮現很多聲音：
「如果做不好怎麼辦？」
「要是選錯了路，會不會後悔一輩子？」
「現在開始會不會太晚？」
　　這些聲音像是拉住你的細線，不大力卻持續牽扯著，讓你每一步都格外沉重。

◎為什麼改變很難

　　心理學告訴我們，人類天生傾向避免痛苦。這不只是生理上的疼痛，也包含心理上的不適。每一次行動，都可能引發不

序言

確定性，而不確定性就像霧中前行——你看不到終點，不知道路上會出現什麼，甚至懷疑自己能不能走到那裡。

這種不確定會帶來焦慮，而我們的本能是逃避它，轉而做一些「不重要但能帶來短暫安慰」的事：滑手機、刷影片、打開電視、整理不必要的檔案……於是，真正重要的事依然原地不動，留在你的「待辦清單」最上方，成為無形的壓力來源。

但改變之所以重要，是因為沒有行動，一切想要的不同都不會發生。

你想換工作？得先投出履歷。

你想改善健康？得先踏出家門去運動。

你想存下一筆錢？得先開始調整花費。

再多的思考與規劃，都無法替代「第一步」的力量。

◎選擇過載與後悔預期

除了啟動焦慮，另一個讓我們停滯的原因，是選擇過載。在這個資訊爆炸的時代，我們隨時被各種建議、策略、成功故事包圍：

要創業，還是先累積經驗？

要買房，還是投資基金？

要出國念書，還是留在本地深耕？

選項越多，反而越容易不知所措。

心理學家發現,當我們有太多選擇時,大腦的負荷會增加,情緒上也更容易陷入「後悔預期」──還沒做決定,就已經在想:「會不會選錯?」這種想法讓人遲遲不敢行動,因為行動意味著必須承擔結果,而我們害怕結果不如預期。

◎金錢與安全感的迷思

在我訪談與觀察過的人裡,許多人以為,只要有更多的錢,就能擁有更多安全感。這當然部分正確──穩定的收入、合理的存款,確實能減少生活的不確定性。然而,問題在於,安全感不是單純的數字,而是一種心理感受。

你可能月薪十萬,卻依然害怕未來;也可能月薪四萬,卻能安然入睡。差別在於,你是否對自己的生活有控制感,是否知道自己在面對未知時,有能力應對。

本書中,我會和你一起檢視金錢與安全感的關係,幫助你找出屬於自己的「足夠」定義,讓財務不再是焦慮的根源,而是支撐生活的基礎。

◎告別未竟之事

我們每個人心裡,都有一些未完成的事:沒有說出口的道歉、沒有寄出的信、沒有開始的計畫。這些事看似被遺忘,卻像細沙一樣沉積在心底,時不時劃過心頭。

心理學上有個概念叫「封閉需求」(need for closure),指的是我們渴望事件有個結束,哪怕這個結束不完美,也好過懸而

序言

未決。本書會教你用儀式與書寫，為那些懸掛在心上的事劃下句點，把占據你情感資源的空間釋放出來。

◎成為人生結局的書寫者

這本書的最後，我想邀請你思考一個問題：如果人生是一個故事，你希望它怎麼結束？

這不是悲觀的想法，而是一種倒推人生的方法。當你清楚結局想成為什麼模樣，你在日常的每個選擇、每次取捨中，就會更有方向感，也更能拒絕那些與目標無關的消耗。

你會發現，結局不是生命最後一天才發生，而是由無數個今天拼湊而成。當你每天都做一點點符合價值的事，最終的人生會自然朝著你想要的方向走去。

◎這本書會怎麼陪你

我將這本書分成五個部分：

- 第一部談拖延與啟動焦慮，幫你找到開始的勇氣；
- 第二部談決定後的焦慮，教你如何面對不確定與批評；
- 第三部聚焦金錢與安全感，拆解財務焦慮的心理根源；
- 第四部帶你告別未竟之事，釋放長期積壓的情感負擔；
- 第五部則是人生結局的書寫練習，讓你成為自己故事的作者。

每一章都有心理學的觀點作支撐，但我會用生活化的語言呈現，避免艱澀的理論。你不需要是心理學專業背景的人，也能輕鬆讀懂，並將方法應用在日常中。

◎現在，就是開始的時刻

或許你會想：「我現在還沒準備好。」

但事實是，人生沒有所謂「完全準備好」的時刻。等待所有條件完美才行動，只會讓你錯過一次又一次的契機。

所以，翻開這本書，讓我們從第一章開始，一步一步拆解那些拉住你的線。當你能理解自己為什麼停滯、為什麼焦慮，你就能慢慢鬆開那些結，讓自己向前。

這不是一本告訴你「要更努力」的書，而是一本教你怎麼用更少的力氣，卻更有效地推動自己的書。因為我相信，真正的改變，不是靠燃燒自己換來，而是學會與自己的情緒與行為相處，找到可持續的步伐。

準備好了嗎？

不需要完美的狀態，也不需要萬全的計畫，現在，就是你推動自己人生的時刻。

序言

第一部
你以為的起點，
其實早就偏了

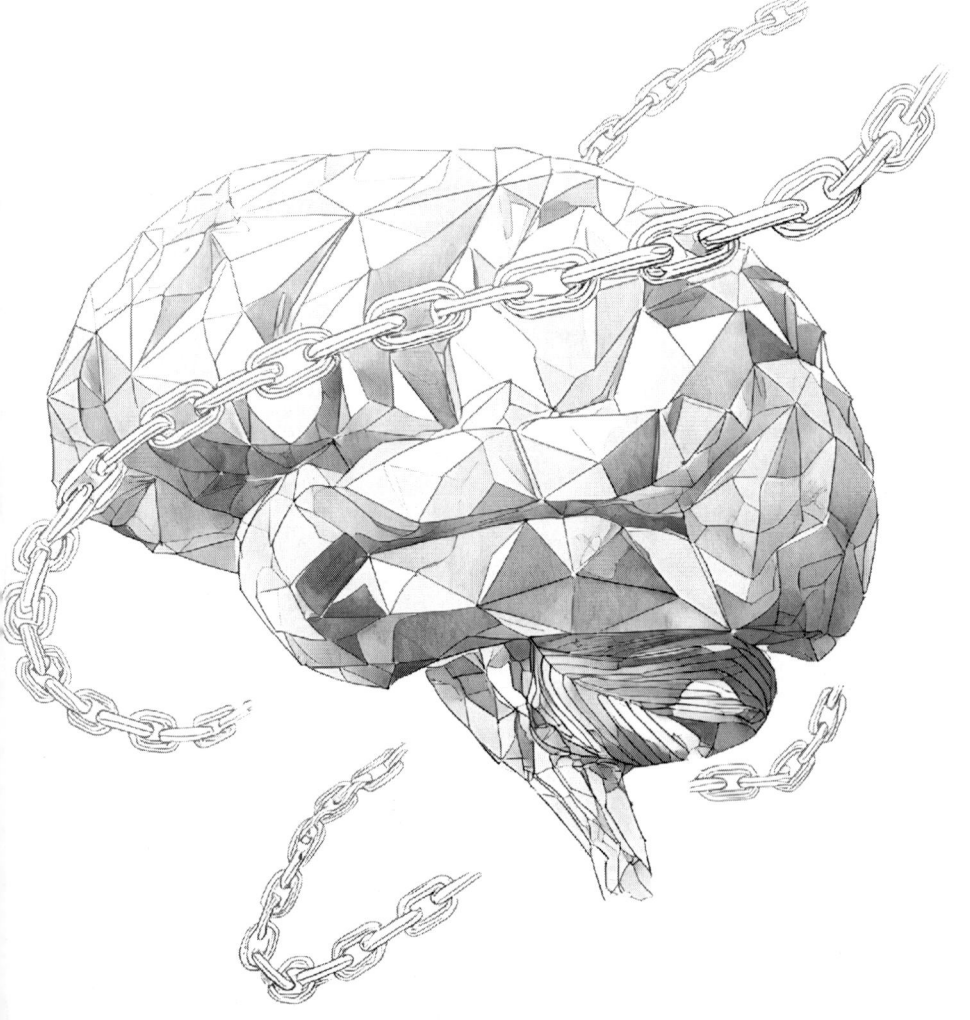

第一部　你以為的起點，其實早就偏了

第1章

你的人際劇本，從抱起那一刻就寫好了

■ 第 1 節　依附風格如何決定你信不信別人

現象引子：你到底是信人，還是怕人？

　　你有沒有發現，有些人第一次見面就能滔滔不絕，甚至把家裡的八卦和銀行密碼都快說出來；而有些人，認識十年，你依然不知道他爸媽叫什麼名字。信任這件事，看起來是當下的選擇，其實早在你還不會說話的時候，就已經被「設定」好了。心理學家約翰·鮑比（John Bowlby）在依附理論裡提出，我們在嬰兒期與主要照顧者互動的方式，會變成一種無形的心理模型，決定你長大後面對人際關係的安全感和開放程度。換句話說，你的「信任開關」很可能是嬰兒時期就被調好的。

理論解說：依附風格的四種樣貌

　　依附理論主要分成四種風格：安全型、焦慮型、逃避型、焦慮逃避混合型。

第一部　你以為的起點，其實早就偏了

(1) 安全型：小時候的你哭了，有人抱；笑了，有人回應。

→長大後，你能適度信任別人，遇到問題願意溝通。

(2) 焦慮型：你的需求有時被滿足，有時被忽略。

→你長大後容易過度黏人，因為害怕失去而緊抓不放。

(3) 逃避型：照顧者長期忽視你的需求，讓你學會「靠自己最安全」。

→你長大後會習慣保持距離，不輕易表露情感。

(4) 焦慮逃避混合型：照顧經驗混亂，導致你同時渴望親近又害怕親近。

→關係中常出現「推拉」的矛盾行為。

這些模式不是簡單的性格特質，而是深植在潛意識中的行為模板，會在你面對人際衝突或親密互動時自動啟動。

學術連結：研究怎麼說？

瑪麗・安斯沃斯（Mary Ainsworth）透過「陌生情境實驗」觀察嬰兒與母親分離與重聚的反應，驗證了依附風格的存在。安全型嬰兒在母親回來後能快速平復情緒；焦慮型嬰兒則會大哭甚至黏得更緊；逃避型嬰兒看似不在意，但心跳顯示其實很緊張。這些反應模式延伸到成人世界，就是我們在職場、人際、愛情中對待信任與距離的慣用策略。

第 1 章　你的人際劇本，從抱起那一刻就寫好了

生活延伸：信任的日常劇本

想像一下，你在公司新來的部門同事邀你合作一個重要專案。安全型的人會先觀察對方的能力，並願意給機會；焦慮型的人可能很快就投入大量心力，希望獲得對方的肯定；逃避型的人則會保持禮貌距離，避免太深入合作；混合型的人可能一開始很熱絡，但遇到小摩擦就立刻抽身。這些反應，不是你在當下刻意選擇的，而是潛意識依附風格在背後拉動線。

常見盲點：以為是性格，其實是模式

很多人會把自己的不信任歸咎於「我天生就是這種人」，但依附理論提醒我們，這種「天生」其實是早期經驗塑造的後天結果。最大的盲點是，我們會在不同情境下重複同一種信任策略，即使它在當下並不適用。例如：你可能在職場上過度自立，不願求助，即使團隊合作能更高效；或者在感情中習慣過度依賴，明明想要平等關係卻一直失衡。

行動策略：重寫你的信任設定

好消息是，依附風格並非終身不可改變。心理學研究顯示，透過安全感經驗的累積（例如穩定的人際關係、健康的溝通模式、正向的情緒回應），人是可以逐漸轉向更安全的依附模式的。具體方法包括：

◆ 在關係中練習表達需求，而不是用情緒測試對方
◆ 遇到衝突時，先辨識自己的自動反應屬於哪種依附模式

第一部　你以為的起點，其實早就偏了

◆ 刻意建立「低風險信任情境」，慢慢讓大腦習慣被回應的安全感

第 2 節　安全感養成的關鍵期與錯失代價

現象引子：安全感是什麼時候開始的？

想像一個嬰兒，當他餓了會哭，哭了有人抱、有人餵；又想像另一個嬰兒，哭了很久，照顧者才不情願地來，甚至有時完全無視。這兩種截然不同的經驗，會在孩子心中刻下一條隱形的分界線——一邊是「世界值得信任」，另一邊是「世界不可靠」。心理學研究指出，生命前 18～24 個月，是建立安全感的黃金時期。如果這段時間缺乏穩定的回應，孩子長大後在人際、愛情甚至職場上，都更容易陷入焦慮與防備。

理論解說：關鍵期的影響

依附理論認為，嬰幼兒期與主要照顧者之間的互動，會形成一個「內在工作模型」。這個模型決定了你對自己的價值感，以及對他人是否可依賴的判斷。若在關鍵期獲得一致且溫暖的照顧，孩子會認為自己值得被愛，也相信他人可靠；相反，若經歷冷漠、忽視或情緒不穩定的照顧，孩子可能認為自己不值得愛，並懷疑他人動機。

第 1 章　你的人際劇本，從抱起那一刻就寫好了

學術連結：錯過的代價

研究顯示，缺乏早期安全感的成年人，焦慮與憂鬱的比例明顯較高，並且在壓力情境中更容易出現過度防衛或極端依附行為。心理學家艾倫・史勞菲（Alan Sroufe）的縱向研究發現，早期缺乏穩定依附的兒童，在青少年期更可能表現出社交退縮、衝動控制差與情緒管理困難。

生活延伸：安全感的複製與缺席

生活中，我們可以看到安全感如何影響決策與人際。安全感充足的人，面對未知的合作會願意嘗試，面對感情衝突會選擇溝通；安全感不足的人，則傾向預設最壞情況，甚至在還沒開始前就先撤退。這不只是選擇風格的差異，而是早期經驗在成年世界裡的延伸投影。

常見盲點：以為長大就能補回

許多人以為安全感缺口會隨著年齡自然修復，但事實是，若沒有有意識地重建，早年的模式會持續影響你的行為。甚至，這種缺口會在壓力時被放大，讓你在最需要支持的時候，反而推開別人。

行動策略：補課永遠不嫌晚

雖然錯過了黃金期會有代價，但安全感是可以透過後天經驗重建的。方法包括：

◆ 建立一到兩段穩定且可預測的關係，累積正向互動經驗

- 在日常中練習情緒覺察,辨識不安全感啟動的時刻
- 設定小範圍的信任實驗,逐步擴大心理的安全範圍

當你願意給自己這些練習,就算起步晚,也能重新養成面對世界的安全感。

第 3 節　你是怎麼開始避免被拒絕的

現象引子:拒絕恐懼的起點

有些人即使非常想要一個機會,也會在行動前找一百個理由放棄;有些人在感情裡會先假裝不在乎,因為害怕表露真心後被拒絕。這種「先退一步」的反應,並不是成年才養成的習慣,而是早在童年時就被默默植入。當小時候表達需求被忽視、嘲笑,甚至遭到懲罰,我們會學到一個教訓 —— 隱藏真實的自己,比暴露脆弱來得安全。

理論解說:心理防衛的形成

依附理論與防衛機制理論都指出,避免被拒絕是一種自我保護策略。當過去的經驗多次讓你感到失望或受傷,大腦會自動啟動迴避行為,減少重複痛苦的機率。這種模式一旦固定,就會在各種關係中上演,無論是求職、交友、合作,甚至是家庭互動。

第 1 章　你的人際劇本，從抱起那一刻就寫好了

學術連結：從拒絕敏感到行為退縮

心理學研究中的「拒絕敏感性」（Rejection Sensitivity）概念指出，那些在早期經歷過拒絕或忽視的人，會對人際互動中的模糊訊號格外敏感。他們傾向過度解讀沉默、表情、語氣中的負面含義，並因此提早撤退。長期下來，這種退縮不只保護不了自我，還會讓人錯過重要的成長與連結機會。

生活延伸：日常裡的防衛劇本

例如在會議上，你明明有好點子，卻因為怕被否定而選擇沉默；或在感情裡，你寧願假裝冷淡，也不敢承認在乎。這些都是「預先避免拒絕」的行為，它們看似保護你免受傷害，實際上卻不斷削弱你的存在感與影響力。

常見盲點：以為不表態就是安全

許多人誤以為保持沉默、保持距離就能免於受傷，但這種策略的代價，是失去被看見與被理解的機會。久而久之，這種習慣會讓人際關係變得疏離，甚至讓別人誤解你冷漠或不願投入。

行動策略：安全地走出防衛牆

要打破這個模式，必須先從小規模的嘗試開始：

- 在低風險的環境中練習表達真實想法
- 辨識自己在退縮前的情緒訊號，例如心跳加快、腦中浮現否定畫面

第一部　你以為的起點，其實早就偏了

◆ 將「可能被拒絕」重新定義為「獲得更多資訊的機會」

當你逐漸累積正向經驗，大腦會重新學會，暴露自己並不等於一定會受傷，這樣你才能在真正重要的場合勇敢表態。

第 4 節　為什麼你總覺得被討厭是理所當然

現象引子：腦中的「負面預設」

有些人進入陌生場合時，還沒開口就覺得別人對自己有意見；有人在交朋友時，會自動假設對方不喜歡自己，於是保持距離。這種「先假設被討厭」的心理反應，看似謹慎，實際上是內心深處的一種預設模式，往往源自童年被評價、被否定、被比較的經驗。

理論解說：自我概念與歸因偏差

社會心理學中的自我概念理論指出，我們對自己的看法，來自早期重要他人的回饋。如果童年經常被批評或忽略，大腦就會內化「我不討人喜歡」的信念。再加上負面歸因偏差（Negative Attribution Bias），你會傾向將他人的中性行為解讀為負面訊號，例如對方只是走神，你卻覺得他對你不耐煩。

學術連結：拒絕敏感性的延伸

心理學家潔芮·道尼（Geraldine Downey）的研究指出，拒絕敏感性高的人，不僅容易避免接近他人，還會主動找出「被拒

絕的證據」來驗證自己的不安感。這種習慣會造成一個惡性循環：你認為別人不喜歡你→你疏遠對方→對方回應冷淡→你更加確信自己被討厭。

生活延伸：人際互動的自我預言

在職場上，你可能因為擔心同事對你有偏見而減少互動，結果合作關係變得生疏；在感情中，你可能因為害怕被拋棄而變得過度敏感，讓對方感到壓力。這些行為像一種「自我實現的預言」，你越相信自己不被喜歡，就越容易引發對方的疏遠。

常見盲點：以為察覺敵意是保護自己

許多人認為，對人際關係保持警戒是一種自我保護，能避免受到傷害。但事實是，過度的防備會讓你錯過建立真誠連結的機會，也會讓他人感到距離與不信任。

行動策略：重設人際預設值

要改變這種模式，首先要意識到「被討厭」只是你腦中的假設，而非事實：

◆ 在與他人互動時，刻意尋找正面或中性的解讀

◆ 用開放式提問確認對方真實想法，而不是自行腦補

◆ 練習在不同關係中累積被接納的經驗，削弱負面信念

當你逐步打破「先假設被討厭」的慣性，你會發現，人際關係比你想像中更寬容、更願意接納真實的你。

第 5 節　關係焦慮
　　　　其實是你童年留下的防備模式

現象引子：不安的連結感

你是否在關係中容易緊張，總擔心對方會突然改變心意？或是對方回覆訊息稍慢，你就腦補出最壞的劇情。這種關係焦慮不僅耗費情感能量，還可能讓你在親密關係與人際互動中，無法享受當下的連結。多數時候，這種模式並非成年後才出現，而是童年經驗在成人世界的延伸。

理論解說：依附風格與焦慮模式

依附理論指出，童年與主要照顧者的互動方式，會形成一種深植於潛意識的「關係藍圖」。若在成長過程中經常面對不穩定的回應 —— 有時被關心、有時被忽略 —— 你可能會發展出焦慮型依附模式。這種模式讓人對關係高度敏感，並在任何不確定的情境中感到不安。

學術連結：情緒反應的根源

心理學研究顯示，焦慮型依附者在面對人際威脅（如爭吵或冷淡）時，杏仁核會有更強烈的反應，代表情緒警報系統過度敏感。長期下來，這種高敏感狀態會讓人過度解讀細節，並將中性行為視為潛在拒絕，進一步加深焦慮循環。

第 1 章　你的人際劇本，從抱起那一刻就寫好了

生活延伸：焦慮如何影響互動

在職場上，關係焦慮可能讓你不斷追求主管的肯定，害怕犯錯；在愛情中，你可能因為擔心被忽視而過度黏人，或頻繁確認對方心意。這些行為雖然出於安全感的需求，卻可能適得其反，令關係中的另一方感到壓力與窒息。

常見盲點：以為多付出就能穩住關係

許多焦慮型依附者相信，只要自己付出更多、關注更多，就能換來對方的穩定回應。但實際上，過度的付出往往被對方視為壓迫，反而促使對方退縮，進一步驗證了你「關係隨時會失去」的恐懼。

行動策略：轉向安全型依附

雖然童年的經驗無法重來，但成人後可以透過有意識的練習，重塑關係模式：

◆ 練習延遲反應，不急著回覆焦慮的衝動

◆ 以具體行動取代情緒測試，例如直接表達需求

◆ 建立一到兩段穩定、可預測的關係，累積安全感經驗

當你逐步減少對「即時安撫」的依賴，並學會容忍關係中的空檔，你會發現焦慮不再主導你的互動，反而能更自在地享受真實連結。

第一部　你以為的起點,其實早就偏了

第 2 章

學會學習,還是學會取悅?

第 1 節　讚美教育
　　　　如何偷走孩子的自我效能感

現象引子:好話不一定是好事

在成長過程中,我們常聽到「多誇孩子,孩子才會有自信」。但你有沒有想過,過度或不恰當的讚美,反而可能讓孩子的自我效能感逐漸流失?有些孩子習慣從別人口中獲得肯定,久而久之,他們衡量自己的方式,不再是「我能做到什麼」,而是「別人覺得我好不好」。

理論解說:自我效能感的核心

心理學家班度拉(Albert Bandura)提出,自我效能感是指一個人對自己能否完成某項任務的信念。真正的自信源自反覆嘗試與克服困難的經驗,而非單純的口頭稱讚。如果孩子長期接收與行動表現不符的誇獎,他們可能會形成依賴外界評價的習慣,缺乏面對挑戰的耐力。

第一部　你以為的起點，其實早就偏了

學術連結：過度讚美的副作用

研究發現，當孩子被頻繁以「你真聰明」這類固定特質的語言誇獎時，他們在遇到挫折時更容易退縮，因為失敗意味著「聰明」的標籤被推翻。相反，如果讚美聚焦在努力與過程，孩子更有可能在困難中持續嘗試，培養出真正的自我效能感。

生活延伸：讚美如何改變行為

在日常生活中，家長或老師的讚美如果過度集中在結果，孩子會學會挑選容易成功的任務來維持「優秀」的形象，而不是勇於挑戰新事物。長此以往，他們可能在需要冒險或承擔風險的情境中退縮，避免動搖外界對自己的好印象。

常見盲點：好意不等於好影響

很多人以為多跟孩子說好話就能堆出自信，但事實上，不精準的讚美只會讓孩子的價值感建立在外部認可上。一旦沒有了掌聲，他們就失去行動的動力。

行動策略：讓讚美成為成長的燃料

要保護並培養孩子的自我效能感，可以從以下幾點做起：

- 讚美時聚焦於努力、方法與過程，而非固定特質
- 鼓勵孩子接受挑戰，並在失敗時給予具體支持
- 減少與其他人的比較，讓孩子專注於自我成長

當讚美成為促進內在動機的工具,而不是單純的糖衣,孩子的自我效能感才能在真實的經驗中穩定成長。

▎第 2 節　成就動機來自壓力還是內在渴望

現象引子:你是為了誰而努力?

我們身邊總有一些人,看似拚命追求目標,實際上卻活得緊繃、焦慮;也有一些人,面對挑戰依然能保持專注與熱情,因為那是他們真正想要的。成就動機的來源,大致可分為外在壓力與內在渴望,兩者的驅動方式截然不同,也決定了你在追求目標時的感受與持久力。

理論解說:外在 vs. 內在動機

根據自我決定理論(Self-Determination Theory),外在動機通常來自獎勵、懲罰或社會期望,例如分數、薪水、升遷;內在動機則源於對任務本身的興趣與價值感。外在動機雖能在短期內刺激行動,但內在動機才是支持長期投入與創造力的核心。

學術連結:動機品質與表現的關係

研究發現,當人們以內在渴望為主要驅動力時,不僅表現更穩定,心理健康狀態也較佳;反之,長期依靠外在壓力的人,更容易出現倦怠感與動機流失。心理學家愛德華・迪西(Edward

Deci）與理察・瑞恩（Richard Ryan）指出,過度的外在控制會削弱內在動機,讓人對活動本身的興趣下降。

生活延伸：兩種動機的日常影響

在職場上,外在壓力型的人可能因績效考核而短期衝刺,但一旦壓力解除,動力隨之消失；內在渴望型的人則會持續精進,即使沒有額外獎勵。在學習或運動中,若動機來自真心的喜愛與挑戰感,人更容易在困難面前保持韌性。

常見盲點：以為外在壓力能長久驅動

很多人相信「逼自己一把」就能一直前進,但忽略了壓力驅動的不可持續性。一旦外部刺激消失,沒有內在渴望的支持,行動就會停滯,甚至產生厭惡感。

行動策略：培養內在驅動力

想要讓成就動機更穩定,可以嘗試：

- 找到任務與個人價值的連結點,讓行動有意義
- 將大目標拆解成能帶來成就感的小步驟
- 在外在要求之外,設計屬於自己的挑戰與樂趣

當你不再只是為了滿足壓力來源而努力,而是因為熱愛與認同,成就感會變得更加持久且真實。

第 3 節　你以為努力，其實只是害怕被看不起

現象引子：努力的真相

有些人看起來天生自律、拚命工作、從不懈怠，但如果你細問他們「為什麼這麼努力」，答案往往不是熱愛，而是害怕落後、害怕被批評，甚至害怕失去他人的認可。這種努力背後，並非純粹的上進心，而是一種深層的不安全感在推動。

理論解說：社會比較與自我價值

社會心理學中的社會比較理論指出，人會不自覺地將自己與他人比較，以確認自己的價值。如果一個人在成長過程中經常被拿來和別人對照——無論是成績、外貌還是收入——就容易將努力與「不被看低」畫上等號。這種努力是防禦性的，為的是維持一個不被否定的形象。

學術連結：防禦型動機的代價

研究顯示，防禦型動機雖能在短期內促進表現，但長期而言會導致高度壓力、倦怠感，甚至失去對任務本身的興趣。心理學家卡蘿・杜維克（Carol Dweck）指出，固定心態的人往往更容易陷入這種模式，他們把努力當作避免失敗的手段，而不是追求成長的過程。

第一部　你以為的起點，其實早就偏了

生活延伸：努力中的隱藏焦慮

在職場上，你可能因害怕同事或主管質疑能力，而逼自己加班到深夜；在學業上，你可能因擔心父母失望，而不斷逼迫自己拿高分。這些行為雖然看似積極，實際上卻讓你的情緒和健康長期處於高壓狀態。

常見盲點：以為動力來自自律

很多人會誤以為「我很努力」就等於「我有自律」，但如果這份努力的驅動力是恐懼而非熱情，那它很可能是消耗性的，而不是滋養性的。長此以往，你可能會越努力，卻感覺越空虛。

行動策略：從恐懼型努力轉向熱情型努力

要擺脫防禦型努力的陷阱，可以嘗試：

- 辨識自己努力背後的情緒來源，分清是熱愛還是害怕
- 為自己設定與內在價值相關的目標，而非僅僅是避免批評
- 允許自己偶爾放慢步伐，觀察努力是否真的帶來滿足

當努力不再只是為了擋住別人的眼光，而是因為你真心想要前進，你的動力會更持久，生活也會更有質感。

第 4 節　從學習到表現，
　　　　　孩子什麼時候學會裝懂？

現象引子：懂與不懂的表演

在課堂上，有些孩子即使沒完全聽懂，也會點頭附和；在家裡，當父母詢問功課進度時，他們會用簡短的「知道了」來掩飾困惑。這種「裝懂」的行為，往往不是出於懶惰，而是源自對被評價、被否定的恐懼。

理論解說：自尊保護與印象管理

社會心理學中的印象管理理論指出，人們會透過控制他人對自己的印象來維護自尊。對孩子來說，承認「我不懂」可能意味著在同儕或權威面前失去能力形象，因此他們會選擇表現得好像已經理解，以避免尷尬或挨罵。

學術連結：錯誤回饋的風險

教育心理學研究發現，當學習環境過於強調正確答案而缺乏對探索過程的肯定時，孩子更傾向隱藏不懂的地方。這會讓教師與家長錯失提供適當協助的機會，最終導致知識漏洞累積，學習信心下降。

生活延伸：日常中的裝懂場景

在小組討論中，孩子可能害怕打斷進度而不敢發問；在才藝課上，為了維持「學得快」的形象，他們選擇默默模仿而不是

請教。長期下來，這種習慣會轉移到成人階段，變成職場上不願承認問題、家庭關係中不願表達需求的模式。

常見盲點：把裝懂當成熟

有些家長或老師誤以為孩子的沉默代表理解，甚至將不問問題視為獨立的象徵。然而，這種錯誤解讀只會強化孩子隱藏真實狀態的行為模式。

行動策略：營造安全的「不懂空間」

要打破裝懂的習慣，可以嘗試：

- 在課堂或家庭中明確表達「不懂是學習的一部分」
- 用開放式提問引導孩子表達困惑，而不是單純檢查正確性
- 讚賞提問與探索的勇氣，讓孩子感受到被接納

當孩子感到承認不懂不會引來負面評價時，他們才會真正放下防備，專注在學習與成長的過程中。

第 5 節　當分數變成價值標籤時，怎麼長出自信？

現象引子：分數的雙刃劍

在學校裡，分數原本只是評估學習成果的工具，但對許多孩子而言，它卻成了衡量自身價值的唯一標準。當分數高時，

他們感到驕傲與被肯定；當分數低時，則陷入自我懷疑甚至自我否定。長期下來，這種分數依附的價值感會讓自信變得脆弱不堪。

理論解說：外部評價與自尊建構

心理學研究指出，若自尊高度依賴外部評價，個體在面對不理想的結果時更容易出現情緒低落與動力喪失。分數作為高度可見且被社會強調的指標，會強化孩子對外在認可的依賴，削弱他們基於自身努力與能力的自我肯定。

學術連結：表現目標 vs. 學習目標

教育心理學中的表現目標與學習目標理論指出，當學生過度專注於「拿高分」這類表現目標時，會更傾向迴避具有挑戰性的任務，以免影響成績排名。相反，專注於學習目標的學生，會更看重能力提升與知識累積，因而更能在挫折中保持自信與動力。

生活延伸：分數文化的影響

在分數至上的文化中，孩子容易將一次考試的結果視為對整個自我價值的評判。例如：數學考差了，便認為「我很笨」；英文拿高分，便覺得「我值得被尊重」。這種將能力與價值綁定的模式，讓自信隨著分數起伏，缺乏穩定基礎。

第一部　你以為的起點，其實早就偏了

常見盲點：以為高分就等於高自信

許多家長與教育者誤以為高分會自動帶來自信，但這種自信多半是短暫的，因為它建立在外部條件之上。一旦外部條件改變，例如成績下滑，孩子的自信便可能迅速崩塌。

行動策略：讓自信脫離分數依附

要讓孩子在分數之外建立穩固的自信，可以嘗試：

- 將評價重點放在努力過程與策略運用，而非僅是結果
- 引導孩子反思每次學習中的收穫與進步
- 透過多元評估方式（作品、專題、口頭報告）讓孩子看見不同面向的能力

當自信來自真實的成長經驗而不是單一的分數，孩子將能更穩定地面對挑戰，並在各種情境中維持自我價值感。

第 3 章

你怎麼交朋友,其實是學校教的

▌第 1 節　霸凌、排擠與冷暴力
　　　　如何刻印你的人際策略

現象引子:那些不說出口的傷,是怎麼變成你的習慣?

　　在學校裡,你可能遇過這些場景:早自習有人故意不讓你坐、群組裡少了你、同學的玩笑總在你身上越界。沒有動手,卻讓你每天回家前喉嚨發緊。這些「看不見的攻擊」── 排擠、冷處理、傳訊息既讀不回 ── 其實會慢慢改寫你的社交模式。你開始沉默、提早說「算了」、避免出頭;最後,你的人際策略變成「不被看見就不會被傷」。

理論解說:社會痛覺與自我保護機制

　　神經科學顯示,社會排斥與身體疼痛會啟動相近的腦區(例如前扣帶迴),所以被排擠不是「想太多」,是真的痛。為了降低這種痛感,腦會快速建立「避險」策略:降低自我表達、減少主

動互動、選擇附和。長期使用這些策略，會固化為你的社交預設——遇到不確定就退、遇到聲量就讓、遇到矛盾就消失。

學術連結：同儕結構如何塑形你的互動腳本

發展心理學的同儕地位研究指出，班級中的「受歡迎」與「被拒絕」並非單點事件，而是群體規範、角色分工與教師介入程度共同作用的結果。被排擠的孩子更容易形成「敵意歸因偏差」：把模糊訊號讀成惡意；為自保而過度敏感，反而強化與群體的距離。同時，長期的冷暴力會削弱自我效能感，使你相信「我做什麼都沒用」，進而選擇最少風險的沉默策略。

生活延伸：從校園帶到職場與親密關係

離開學校後，你可能發現自己在會議上有想法卻不提、在團隊中避免擔任窗口、在感情裡害怕談界線。這不是個性「內向」而已，而是被校園經驗雕刻出的應對程式在自動運行——「少說少錯」、「別成為焦點」、「先把責任攬起來以免被怪」。於是你的人脈變淺、影響力變弱，並且更難在重要關係裡維持對等。

常見盲點：把「不衝突」誤當成熟，把「不靠近」誤當自由

許多人以為遠離是解方，但過度撤退只是延長傷痛的影子。另一個盲點，是把「忍耐」合理化：告訴自己「小事不要計較」、「大家都這樣」。久而久之，你連辨認不尊重的能力都鈍化了，遇到微侵害也無法替自己發聲。

第 3 章　你怎麼交朋友，其實是學校教的

行動策略：重設你的人際預設，找回被看見的勇氣

- 界線肌肉從小處開始練：先對微小的不尊重說明白，例如「請不要在我說話時打斷」。
- 重建安全圈：刻意與一至兩位可靠同儕或同事建立固定交流，累積被接住的經驗，降低對群體的恐懼。
- 把沉默換成提問：在會議或討論中，以提問替代反駁，例如「我們可不可以也評估方案 B 的風險？」既不挑起對立，又能把你帶回對話中心。
- 記錄「不舒服瞬間」：每天寫下三個讓你縮起來的片刻與你的反應，下次遇到類似場景，改採一個更主動的微行動。
- 為自己找見證人：若有長期排擠或冷暴力，保留紀錄並尋求師長、輔導或人資支援。求助不是軟弱，而是終止循環的必要步驟。

當你從「不被看見就不會被傷」轉向「被看見也能被保護」，校園留下的影子會逐漸淡去，你的人際策略也能回到主動、清晰與有邊界的姿態。

第 2 節　學校是模仿場,社會角色如何被默化

現象引子:你不只是學科目,還在學怎麼做人

學校課本教我們數學、語文、科學,但真正塑造我們的是每天耳濡目染的人際互動。你觀察老師怎麼對待學生、同學之間如何合作與競爭,這些「無形課程」一點一滴地滲進你的行為模式,形成日後面對社會的角色原型。

理論解說:社會學習與角色習得

心理學家班度拉(Albert Bandura)的社會學習理論指出,人們會透過觀察他人的行為及其後果來學習,並將之內化為自己的行為準則。在學校這個高度社交化的場域,角色分化尤其明顯——領袖型、跟隨型、調解型、旁觀型——一旦被分配到某種角色,你往往會不自覺地在不同情境中重複扮演它。

學術連結:隱性課程的力量

教育社會學的研究表明,「隱性課程」是指課堂外那些未明文規定、卻持續被傳遞的價值與行為模式。例如:老師在處理衝突時偏袒成績好的學生,可能默化其他人「能力高就有特權」的信念;同儕之間對特定穿著風格的追捧,也會形塑外貌與地位之間的連結。

生活延伸：從教室到社會的角色複製

如果你在學校總被推舉為領導者，你可能在職場上自然地承擔決策；若你習慣在衝突中退居二線，成年後也可能傾向迴避對立。不論角色是主動還是被動，它都會隨你進入新環境，並在無意識中影響你的互動策略。

常見盲點：以為自己選擇了角色

多數人沒有意識到，自己的人際角色早在校園時期就被外部力量塑形。你以為是個性使然，但很多時候，那是多年觀察與模仿的結果——甚至可能不再符合你當下的需求，卻因習慣而難以改變。

行動策略：覺察與重新定義角色

- 回顧校園經驗：列出你在學校常扮演的角色，思考它們在當時的功能與現在的影響。
- 觀察當下反應：注意自己在團體中是如何自動定位的，是否總是落入相同模式。
- 嘗試角色轉換：在低風險環境中練習扮演不同角色，例如在小組討論中主動提案，或在爭論中擔任調解者。
- 建立多元自我形象：不要只認同單一角色，讓自己在不同場合能自由切換，減少被固定化的風險。

當你意識到角色不是天生的，而是後天習得的，你就有機會跳脫既定模式，選擇更符合當下需求的行動方式。

第一部　你以為的起點，其實早就偏了

第 3 節　誰決定了你是領袖還是邊緣人？

現象引子：位置並非全靠實力

在學校裡，有人總是被推舉為班長、社團幹部，有人則習慣坐在最後一排安靜旁觀。表面上看，這是能力與個性的結果，但實際上，你的「位置」更多來自同儕、老師和整個環境的潛在判斷。這些判斷不僅影響當下的角色分配，還會在你心中種下自我定位的種子，影響你往後在團體中的表現與自信。

理論解說：社會地位的形成與鞏固

社會心理學中的地位建構理論指出，團體中的地位分配往往源於早期互動中的可見行為與資源控制。例如：在學校中，口才好、成績佳、外型亮眼或具幽默感的同學，容易被賦予更高的社會地位；而這種初始定位一旦被群體接受，就會透過互動強化，形成相對穩固的階層結構。

學術連結：期望效應的力量

教育心理學中的「皮格馬利翁效應」顯示，當老師或同儕對一個學生抱有高期望時，該學生的表現往往會因此提升；反之，低期望會限制表現空間。換句話說，你被視為領袖或邊緣人，很大程度取決於別人最初如何看待你，以及這種看法如何被不斷回饋與強化。

生活延伸：從校園到職場的角色延續

若你在校園中被視為領袖，進入職場後，可能更容易主動承擔決策與協調任務；而在學校裡習慣退到邊緣的人，進入職場後也可能持續避開核心事務，擔心自己無法勝任。這種延續並非必然，但要改變它需要有意識地重新定義自己的位置。

常見盲點：以為角色是固定不變的

許多人誤以為自己不適合當領袖，或注定要當邊緣人，卻忽略了這些定位多半是外部環境塑造的結果。忽視這一點，會讓你在新環境中錯失改變位置的契機。

行動策略：打破既定印象，重設自己的位置

- 在新環境中主動出擊：刻意在不熟悉的團體中嘗試新角色，例如主持會議或發起討論。
- 累積可見成就：選擇能快速展現能力的任務，改變他人對你的初步印象。
- 善用盟友效應：與一至兩位支持者建立合作關係，藉由他們的肯定擴散你的影響力。
- 挑戰自我標籤：每當想退回舊位置時，提醒自己這是過去經驗在作祟，而非當下的真實限制。

當你意識到「領袖」與「邊緣人」只是暫時的社會角色，而非天生的命運，你就能開始主動調整自己在團體中的定位，重新塑造別人眼中的你。

第 4 節　適應不良，可能是你太真實

現象引子：為什麼真話總顯得不合群？

在學校或職場，你是否有過這種經驗——因為直言提出不同意見，被認為不懂人情世故；因為拒絕參與八卦，被貼上冷淡的標籤。適應不良，有時並不是你不懂規則，而是你選擇不去迎合那些與自己價值衝突的規則。

理論解說：社會規範與一致性壓力

社會心理學中的從眾效應指出，人們會傾向與群體的行為或觀點保持一致，以獲得接納並避免衝突。然而，當你的價值觀與群體規範衝突時，你可能會選擇堅持立場，即使因此看起來「不合群」。這種行為雖然保留了真實自我，卻容易被他人誤解為適應不良。

學術連結：真實性與心理健康

研究發現，能夠在社會互動中維持真實自我的人，雖然在短期內可能面臨更多人際摩擦，但長期而言心理健康與生活滿意度更高。相反，長期壓抑真實感受以迎合他人的人，容易產生情緒耗竭與自我疏離感。

生活延伸：真實與適應的平衡

在團體活動中，你可能因為拒絕參與不道德的行為而被孤立；在職場會議上，你可能因為挑戰不合理的計畫而遭遇冷眼。這些經歷雖然不易，但同時也是你保持自我一致性的證明。真正的挑戰，是找到在真實與融入之間的平衡。

常見盲點：把迎合當作唯一的生存策略

許多人以為，要在團體中生存就必須隱藏真實想法或改變自我。然而，過度迎合雖能短期避免衝突，長期卻可能讓你失去自我認同，甚至陷入持續的焦慮與壓抑。

行動策略：堅持真實，同時提升適應力

- 選擇性表達：針對重要價值觀堅持立場，對次要分歧可適度保留意見。
- 尋找同盟：與價值觀接近的人建立連結，減少孤立感。
- 用建設性語言表達不同：以問題導向和合作的方式提出意見，降低衝突感。
- 自我確認：定期回顧自己的選擇與行為是否符合核心價值，避免因外界壓力偏離自我。

當你意識到適應不良可能是因為過於真實，就能更有策略地在堅持自我的同時，找到融入群體的方法。

第一部　你以為的起點，其實早就偏了

第 5 節　教室裡最無形的，是地位階級

現象引子：不明說的排序規則

在學校的走廊、課桌間，總存在著一種「看不見的排行榜」。它不會貼在公告欄上，也不是成績單的一部分，但你卻能感覺到 —— 有些人一開口，大家就會聽；有些人不管說什麼，都像是空氣。這種階級感不是明文規定，卻默默影響著每一次的互動和關係走向。

理論解說：社會地位與權力結構

社會心理學中的地位理論指出，群體內的互動會自然形成資源與影響力的分配，高地位者往往能影響規則與決策，而低地位者則容易被忽視。這種結構在校園中可能源於外貌、成績、運動能力，甚至家庭背景，並透過同儕互動不斷強化。

學術連結：隱性階級的長期影響

教育社會學研究顯示，校園內的非正式階級結構，會影響學生的自尊、學習動機與社交選擇。長期處於低地位位置的學生，更容易產生社交退縮與自我懷疑，進而影響成年後在職場與社會網絡中的自信程度。

第 3 章　你怎麼交朋友，其實是學校教的

生活延伸：從教室到社會的複製

在教室裡，地位高的學生常能決定遊戲規則、分組安排；地位低的學生可能只能被動接受安排。這種互動模式會在你離開校園後延伸到職場與社交圈，變成默認的角色分配。若不加以察覺，你可能一生都在同一種位置上運作。

常見盲點：以為地位等於能力

許多人誤以為高地位的人一定能力更強，低地位的人就應該安於現狀。然而，地位更多時候是一種社會認知的結果，受限於偏見、外在條件與初始印象，並不總是反映真實能力。

行動策略：打破無形的排名框架

- 提升可見性：主動在群體中展現專長與貢獻，改變他人對你的角色認知。
- 建立跨階級連結：與不同地位層級的人建立合作關係，擴大資源與支持圈。
- 質疑默認規則：觀察並挑戰那些不公平的互動慣例，例如固定分組、發言順序等。
- 重建自我評價：將自我價值建立在能力與努力之上，而非他人對你的排名認知。

當你開始看清教室裡那些無形的地位階級，你就有機會在離開校園後，重新選擇自己在社會中的位置，而不是被動。

第一部　你以為的起點，其實早就偏了

第 4 章

青春期的叛逆，
其實是求認同的方式

第 1 節　把反抗當成自由，是你學來的保護色

現象引子：反抗不只是衝動

在青春期，許多人開始對父母、老師、規則說「不」。有些人會刻意打破校規、穿違規服裝、挑戰權威；有些人則用沉默、冷漠或拖延來表示拒絕。表面看來，這是一種對自由的追求，但心理上，它更可能是一種「保護色」——藉由表現出不受控制，來掩蓋內心對被否定與不被接納的恐懼。

理論解說：心理自主與社會壓力的拉鋸

發展心理學認為，青春期是自主性快速成長的階段。這時，個體渴望建立獨立於家庭與師長的價值觀，卻同時面對來自父母、學校與社會的規範壓力。反抗行為，往往是為了爭取自我定義的空間，而非單純對抗規則本身。

學術連結：反抗作為身分建構的一部分

研究顯示，適度的反抗行為能促進自我認同的建立，因為它讓青少年有機會測試並界定自己的界線。然而，若反抗成為主要的人際策略，容易演變為對所有規則與建議的自動否定，反而阻礙了自我探索的深度與廣度。

生活延伸：反抗的不同面貌

在校園中，有人用大聲爭辯來表達不同意見，有人用不配合作業的方式表明態度；在家庭中，青少年可能選擇用情緒封鎖來拒絕溝通。這些行為在當時看似獲得了掌控感，但長期下來，也可能讓關係中的信任基礎逐漸流失。

常見盲點：把反抗等同於自由

許多人以為，只要不遵守別人的規則，就是獲得自由。然而，真正的自由不是來自對立，而是源於有能力做出與自身價值一致的選擇。當反抗只是出於防禦，它更像是一種依附在環境壓力下的反應，而不是自主意志的展現。

行動策略：將反抗轉化為自我表達

- 辨識動機：在反抗前先問自己，這是出於價值信念，還是單純為了對抗權威？
- 找到替代方式：用理性對話、創意行動或正向參與，取代單一的否定行為。

第 4 章　青春期的叛逆，其實是求認同的方式

◆ 建立選擇感：在規則內找尋能發揮自主性的空間，減少被迫感。
◆ 練習延遲反應：避免在情緒高漲時立即反抗，給自己時間判斷行動是否有助於目標。

當反抗從防禦性的保護色，轉化為有意識的自我表達，它才能真正成為你定義自由與身分的工具。

第 2 節　青春期不只是荷爾蒙，還有鏡中我效應

現象引子：為什麼我們在意別人怎麼看自己？

青春期的情緒起伏，常被歸因於荷爾蒙變化，但這段時期的敏感與不安，不僅是生理的結果，更與「鏡中我效應」密切相關。當青少年開始意識到他人的眼光，會用別人的反應來形塑自我形象，這使得他們在意外貌、行為、社交圈，甚至一舉一動是否符合期待。

理論解說：鏡中我效應的核心

社會學家查爾斯・庫利（Charles Horton Cooley）提出的「鏡中我」理論指出，我們會透過想像他人對自己的看法，來建構自我認同。在青春期，這種過程被放大，因為同儕評價開始取代

父母成為主要的參照來源。每一次眼神、笑聲或沉默,都可能被解讀成對自己的評價。

學術連結:自我意識與社交壓力

研究發現,青春期的青少年在大腦前額葉皮質和社會認知區域活躍度顯著增加,這與對社交訊號的敏感度提升有關。然而,這種高度自我意識也伴隨著更大的社交焦慮,因為他們會過度解讀外界反應,甚至將中性行為視為負面評價。

生活延伸:日常中的「鏡子」

在學校走廊裡,朋友低聲交談可能被誤會是在談論自己;在社群媒體上,一個延遲的回覆可能引發焦慮。這些情境不斷加深青少年對外界評價的依賴,進而影響他們的自信與行為選擇。

常見盲點:以為所有人都在關注自己

許多青少年誤以為自己是他人注意力的中心,忽略了事實上,大多數人同樣忙於關注自己。這種「聚光燈效應」會讓他們高估別人的評價,並因此限制自我表達。

行動策略:建立內在的「真實鏡子」

- 調整解讀方式:在感到被評價時,先檢視是否有其他可能的解釋。
- 增加正向回饋來源:與能給予真誠肯定的人互動,平衡外界的負面訊號。

◆ 培養內在價值感：透過興趣與技能發展，讓自我評價更多依賴真實能力而非外在認可。
◆ 限制比較的頻率：減少在社群媒體上的比較行為，專注於自身的成長與目標。

當青春期的自我意識從過度依賴外界眼光，轉向建立穩固的內在評價標準，青少年才能更自在地面對他人的看法，並發展出穩定的自我認同。

第 3 節　自我認同建構失敗，會延後成長多少年

現象引子：卡在「我是誰」的問號裡

有些人在青春期就能確立自己想成為什麼樣的人，而有些人則在成年多年後，仍在反覆嘗試不同的身分與生活方式。這並不是單純的探索，而是因為自我認同的建構在早期出現了空缺或混亂，使得心理成長的進度被拉長，甚至影響職涯、感情與人際關係的穩定度。

理論解說：認同發展的關鍵期

心理學家艾瑞克森（Erik Erikson）提出，青春期是「認同對角色混淆」的關鍵階段。若青少年在這段時期無法建立清晰的自我概念，他們會陷入角色混亂，導致在成年後仍對自己的價值

觀、人生方向與歸屬感感到不確定。這種狀態可能讓人長期徘徊在「嘗試 —— 放棄 —— 再嘗試」的循環中。

學術連結：延遲的心理成熟

研究顯示，缺乏穩定自我認同的人，在成年早期更容易出現「延遲承擔責任」的現象，例如不敢承諾長期關係、無法堅持職涯方向、頻繁更換生活目標。這不僅影響個人發展，也可能在經濟與情感上造成長期不穩定。

生活延伸：不確定感的現代版本

在社群媒體時代，這種認同建構的延遲更加普遍。人們可以輕易嘗試不同身分 —— 旅人、創業者、內容創作者 —— 但同時也更容易陷入比較與自我懷疑。當外部認同成為主要驅動力，內在的認同感就很難真正扎根。

常見盲點：以為多嘗試就一定能找到自己

雖然多元經驗有助於探索，但如果沒有深度反思與篩選，嘗試很容易流於表面，最終仍然無法累積穩定的自我概念。過多的轉換甚至會削弱行動的連貫性，延後真正的心理成長。

行動策略：補上認同的基礎工

- 價值盤點：列出你認同的重要價值觀，並檢視目前的生活是否與之對齊。
- 設定核心目標：與其追逐潮流，不如選擇能支持長期發展的方向。

- 練習承諾：從小範圍開始，例如持續參與一個計畫或關係，累積穩定經驗。
- 建立反思習慣：定期檢視自己做出的選擇與行動是否仍符合內心的真實想法。

當自我認同的基礎穩固後，你會發現成長的步伐不再被延宕，反而能更專注地投入生活與關係，並在面對選擇時感到篤定與踏實。

第 4 節　你真的想當獨特，還是害怕跟不上？

現象引子：獨特，還是跟風的另一種形式？

在青春期，許多人渴望與眾不同，穿著與別人不同的衣服、選擇特立獨行的興趣，甚至刻意與主流價值對立。然而，這些看似追求獨特的行為，有時並非真正出於內心，而是因為害怕被淘汰、擔心跟不上潮流，所以選擇「另闢蹊徑」來保有存在感。

理論解說：社會比較與自我區隔

社會心理學中的社會比較理論指出，人們會透過比較來確認自我價值。在青春期，這種比較行為特別頻繁且強烈。當個體發現自己無法在主流領域中脫穎而出時，可能會透過反向的方式來建立差異，以維持自我重要性。這種差異化行為並不總是源於真實喜好，有時只是另一種避免被忽視的策略。

學術連結：偽獨特效應

研究中所提到的「偽獨特效應」（False Uniqueness Effect）解釋了人們傾向高估自己特質或行為的稀有性。青少年可能認為自己的選擇很獨特，但實際上這些行為在同儕群體中並不罕見，甚至可能形成另一種「小眾主流」。

生活延伸：從校園到社群媒體的延伸

在校園裡，可能有人選擇特別的穿搭風格來吸引目光；在社群媒體上，則可能透過非主流的話題或影像風格來塑造形象。雖然形式上看似反叛，但其本質依然圍繞著同儕的評價與回饋，並非完全的自我驅動。

常見盲點：混淆真實喜好與策略行為

許多人以為自己是在追求真我，但事實上，他們的選擇仍然深受外部認可的影響。若不加以分辨，容易在「想被看見」與「真正喜歡」之間迷失，最終無法建立穩固的自我價值感。

行動策略：檢驗你的獨特是否真實

- 動機檢測：在做出與眾不同的選擇前，問自己這是因為熱愛還是為了引起注意。
- 獨立於回饋的選擇：嘗試在不公開、不分享的情況下持續一項興趣，觀察自己是否依然投入。
- 降低比較頻率：限制與他人的過度比較，讓決策更多來自內在需求。

第 4 章　青春期的叛逆，其實是求認同的方式

◆ 多元自我定義：不要只靠單一特質來界定自己，避免在該特質失效時陷入價值危機。

當你能分辨獨特是出於真心還是出於防禦，才能真正享受做自己的自由，而不是被另一種隱形的同儕壓力操控。

第 5 節 「做自己」到底是誰教我們的？

現象引子：做自己，真的是自己決定的嗎？

我們經常聽到「做自己」這句話，好像它是最純粹的自由與真實。然而，仔細想想，所謂的「自己」究竟是怎麼形成的？從你喜歡的音樂風格，到你的價值觀與表達方式，有多少是源自內心的選擇，又有多少是被父母、老師、同儕、媒體一點一滴塑造出來的？

理論解說：社會化與內化的自我

社會心理學指出，個體會透過社會化過程，吸收外界的規範、價值與信念，並將它們內化成自己的想法與行為。這意味著，你認為的「做自己」，其實很可能是眾多外部影響的混合產物。青春期是自我意識快速成形的階段，此時的影響力尤其強烈。

學術連結：自我決定理論的啟示

自我決定理論（Self-Determination Theory）區分了「自主行為」與「被控制行為」。若你的選擇是出於真心的興趣與價值，屬於自主行為；若是為了迎合期望、避免批評而做的，則是被控制行為。很多人誤將後者包裝成「做自己」，卻忽略了它背後的外部驅動。

生活延伸：文化與媒體的隱形腳本

在校園中，「做自己」可能意味著選擇一種非主流的打扮；在社群媒體上，可能代表展現與眾不同的生活方式。但這些選擇往往受到文化潮流、演算法與同儕評價的深層影響，看似自主，其實是走在一條被預先鋪好的路上。

常見盲點：把反應當成選擇

許多人將對外部環境的反應當作自我選擇，卻沒有意識到這種反應可能是長年習得的模式，而非真正的內在渴望。缺乏覺察會讓人不斷在「別人怎麼看」與「我想怎麼做」之間搖擺。

行動策略：重新定義「做自己」

- 追溯來源：檢視你的喜好、信念與習慣，找出它們是源於內心還是外部影響。
- 減少外部干擾：定期遠離社群與輿論，讓自己在安靜中聆聽真實的想法。

第 4 章　青春期的叛逆，其實是求認同的方式

◆ 嘗試無觀眾的行動：在不被評價的情況下去做一件事，測試它是否仍帶來滿足感。
◆ 設定價值基準：以核心價值作為選擇的依據，而非短期的認可或流行。

當「做自己」不再只是口號，而是基於覺察與自主的選擇，你才真正擁有掌握自我方向的能力。

第一部　你以為的起點，其實早就偏了

第 5 章

我們都活在一個叫「原生家庭」的 App 裡

第 1 節　父母的語氣成為你內心對話的模板

現象引子：你腦中的聲音是誰的？

當你在做決定、面對挑戰或自我懷疑時，腦中會出現一個聲音。它可能鼓勵你、批評你，或提醒你要小心。這個聲音的語氣與內容，往往不是憑空生成的，而是來自於你童年時最常聽到的那種父母語氣 —— 無論是溫暖的關心，還是嚴厲的命令。

理論解說：內在語言的形成

發展心理學指出，父母的語言模式會在兒童期被內化，成為所謂的「內在對話」(Inner Speech)。這種對話在日後指引、規範甚至限制我們的行為，因為它像是一個內建的導演，不斷用熟悉的語氣塑造我們對自己的看法與期望。

學術連結：依附關係與自我概念

依附理論研究發現，穩定、安全的親子溝通能讓孩子內化出支持性與正向的內在聲音；而批判、否定或忽視的溝通模式，則容易讓孩子長大後持續用苛刻的語言與自己對話，形成低自尊與高焦慮的傾向。

生活延伸：語氣如何影響你的選擇

在職場上，如果父母過去常用「你不夠好」的語氣督促你，你可能會習慣用懷疑的角度檢視自己的能力；在感情中，若你熟悉的語氣是「別麻煩別人」，你可能會壓抑需求，害怕表達脆弱。這些語氣會在無意間，決定你對自己與他人的互動方式。

常見盲點：以為這就是自己的聲音

很多人沒有意識到，自己腦中的語氣其實是複製自父母的。當它長期存在，就很容易誤以為這是與生俱來的自我思考方式，忽略了它是可以被調整與重塑的。

行動策略：更新你的內在語氣

- 辨識來源：觀察自己在自我對話時，語氣與用詞是否與父母相似。
- 重寫腳本：在腦中用更具支持性的語言取代批判，例如將「你不行」改成「你還需要練習」。
- 引入新聲音：透過閱讀、與正向的人交流，吸收不同的語氣模式。

◆ 刻意練習：每天用溫和而鼓勵的語氣與自己對話，逐步取代舊有的批判聲音。

當你有意識地更新內在語氣時，不僅能改善自我形象，也能改變你與世界的互動方式，讓行動更多來自自信，而非恐懼。

第 2 節　你不是討好型人格，而是成績型存活者

現象引子：努力取悅，還是努力活下去？

許多人會將自己歸類為「討好型人格」，因為他們總是急著滿足別人的需求、避免衝突、追求讚許。但深入探究，你會發現這種行為不一定是為了取悅，而是從小在「表現換取安全」的環境中長大，學會用成績、成果與完美表現來確保自己不被忽視或責罵。

理論解說：生存策略的內化

在心理動力學的觀點中，兒童會根據早期照顧者的回應模式，發展出確保關係穩定的策略。若父母在孩子達成特定成就時才給予關愛與肯定，孩子就會逐漸將「價值感」與「表現」綁在一起，長大後自然沿用這種成績導向的存活模式。

第一部　你以為的起點，其實早就偏了

學術連結：條件式自我價值

研究顯示，條件式自我價值（Contingent Self-Worth）的人，會在外部評價高時感到自信，但在評價低時迅速陷入自我懷疑。這種模式雖能促進短期的高表現，卻容易造成長期的焦慮、倦怠與情緒波動。

生活延伸：職場與親密關係中的重演

在職場上，你可能會過度加班、接下額外任務，因為害怕被認為不夠好；在感情中，你可能會不斷付出，直到筋疲力盡，卻不敢要求回報。這些行為不是單純的討好，而是多年來被深植的生存方程式——必須「做得更好」才能被接受。

常見盲點：混淆性格與策略

很多人以為自己天生怕衝突、愛取悅，但實際上，這只是早期環境迫使你採取的策略。一旦意識到這是可變的模式，而非固定的性格，你就有機會改寫它。

行動策略：讓價值感脫離成績依附

- 分離成就與價值：練習在沒有成果的情況下，依然允許自己被接納與喜愛。
- 設定界線：學會對不合理的要求說「不」，不以失去關係作為威脅的判斷依據。
- 多元化自我認同：發展非表現導向的興趣與身分，例如友情、社群參與或自我照顧。

第 5 章　我們都活在一個叫「原生家庭」的 App 裡

◆ 減少自我審查：允許自己在非完美的狀態下出現，打破「一定要最好」的心理規則。

當你逐步擺脫成績型存活者的框架，你會發現真正的安全感，不來自於你做了多少，而是來自於你被接納為一個完整的人。

第 3 節　家庭功能缺損如何讓你恐懼承諾

現象引子：為什麼承諾聽起來像陷阱？

有些人一談到長期關係、婚姻、合作或重大承諾，就感到焦慮甚至抗拒。他們可能表面上享受親密與連結，但一旦涉及「長久」、「綁定」或「責任」，便開始退縮。這種反應，往往與早期家庭功能的缺損有關。

理論解說：依附模式與安全感缺口

家庭功能缺損，例如情感忽視、角色混亂、父母關係不穩定，會讓孩子在心理發展過程中缺乏穩定依附的經驗。依附理論指出，當安全感無法穩固建立時，個體在成年後會對長期承諾產生不信任，因為他們潛意識裡相信「承諾終將被打破」。

學術連結：承諾焦慮的行為模式

研究發現，成長於功能失調家庭的人，更容易形成逃避型或焦慮型依附。他們在關係中可能同時渴望親密又害怕失去，

導致在面對承諾時陷入矛盾,既不想失去連結,又害怕被困住或再次受傷。

生活延伸:承諾迴避的現代版本

在感情中,他們可能選擇曖昧或短期關係,以避免承擔長期責任;在職場上,可能避免接下長期專案或簽署長期合約,以防未來變數帶來壓力。這種模式雖能短期減少焦慮,但長期會限制成長與穩定發展。

常見盲點:把承諾等同於失去自由

很多人將承諾視為限制,卻忽略了它同時也是建立信任與安全感的基礎。沒有承諾的關係,雖然看似自由,卻缺乏深度與持久性。

行動策略:重建對承諾的信任

- 小步累積承諾經驗:從低風險的承諾開始,例如固定參加某個活動或完成短期任務。
- 分辨健康與不健康的承諾:學會辨認承諾是否基於尊重與自願,而非操控與壓迫。
- 練習脆弱:允許自己在安全的關係中表達恐懼與需求,建立正向的承諾經驗。
- 重新定義自由:將自由理解為在承諾中依然能保有選擇與界線,而非逃避所有責任。

第 5 章　我們都活在一個叫「原生家庭」的 App 裡

當你理解恐懼承諾的根源，並逐步累積正向經驗時，你會發現承諾並不是陷阱，而是一種讓關係與人生更穩定的力量。

▌第 4 節　拿責任綁住你的，其實是愛的錯用

現象引子：當責任成了情感的枷鎖

在許多家庭中，愛與責任常被混為一談。父母可能用「因為我們是家人，所以你必須……」這樣的語句，讓孩子將滿足家人的需求視為義務，即使這些要求超出了他們的能力或意願。長期下來，責任感變成了情感勒索的工具，使人無法分辨真正的愛與被綁住的感覺。

理論解說：角色負荷與情感邊界

家庭系統理論指出，每個家庭成員都有特定的角色與功能。然而，在功能失衡的家庭中，孩子常被迫承擔超齡的責任，例如成為情感支持者、照顧弟妹或充當父母的傾訴對象。這種角色負荷會模糊情感邊界，使孩子誤以為付出與犧牲是愛的必要條件。

學術連結：情感勒索與義務感內化

心理學家蘇珊‧佛沃（Susan Forward）在其著作中描述了情感勒索的模式，即透過恐懼、義務和罪惡感來操控他人。當孩

子從小被灌輸「不照做就是不愛我」的訊息時，他們成年後會延續這種模式，在關係中習慣過度承擔，害怕拒絕會失去愛。

生活延伸：愛的錯用在日常中的表現

在感情中，伴侶可能要求你為了愛而犧牲個人目標；在職場上，主管可能以團隊情誼為名，要求你承擔不合理的工作量。這些情境表面上與愛或忠誠有關，實際上卻是責任與情感的錯位使用。

常見盲點：把犧牲當成愛的證明

許多人誤以為，越多的付出與犧牲代表感情越深厚。然而，真正健康的愛是基於尊重與選擇，而不是被迫的責任履行。混淆兩者只會讓人陷入長期的壓抑與不滿。

行動策略：重新定義愛與責任

- 建立情感邊界：清楚區分出基於自願的付出與被迫的義務。
- 檢視責任來源：問自己，這個責任是源於內心的選擇，還是外界的情感壓力？
- 勇於拒絕：在不合理的情感要求面前，練習說「不」，並堅持自己的界線。
- 培養互惠模式：建立雙方都能給予與接受的關係，而非單方面的付出。

當你學會辨別愛與責任的界線，你將能在關係中既保持對

他人的關懷，又不被情感勒索綁住，真正享有自由與健康的互動。

第 5 節　你怎麼活，是你看過父母怎麼撐

現象引子：父母的生活模式是無聲的教科書

我們往往以為，自己的生活方式是獨立選擇的結果，但實際上，許多日常習慣、面對壓力的方式與解決問題的模式，都是從小看著父母「怎麼撐」學來的。即使他們沒有明說，孩子也會透過觀察，吸收並複製父母在面對困境、經濟壓力、感情矛盾時的應對方法。

理論解說：榜樣學習與行為內化

社會學習理論指出，觀察榜樣的行為與結果，是人類重要的學習途徑之一。對孩子而言，父母的生活方式不僅影響價值觀，更會在潛意識中形塑他們的應對模式。無論父母選擇咬牙忍耐、積極尋求幫助，還是逃避問題，這些反應都可能成為孩子日後的「自動設定」。

學術連結：跨代模式的傳遞

研究發現，情緒管理、金錢觀念、人際互動等核心行為模式，會透過跨代傳遞延續下去。若父母在壓力下總是壓抑情緒，

孩子可能也會學會忽略自己的感受;若父母面對困境能積極行動,孩子長大後也更可能展現同樣的韌性。

生活延伸:從家到社會的複製

如果父母在經濟困難時總選擇節省到極致,孩子在成年後可能也會對金錢過度謹慎;如果父母在婚姻衝突中長期沉默以求和平,孩子在親密關係中也可能習慣避免正面溝通。這些模式往往不是刻意選擇,而是多年觀察下的自然而然的複製。

常見盲點:忽略了學到的是應急,不是成長

許多人沒有意識到,父母在困境中使用的應對方式,未必適合所有情境。有些方法只是為了當下存活,並不一定有助於長期的幸福與成長。如果不加以檢視,就容易將這些應急模式誤當成唯一的生活解法。

行動策略:篩選與更新你承襲的模式

- 列出觀察到的父母模式:誠實檢視哪些方式曾幫助過你,哪些卻在限制你。
- 評估適用性:思考這些模式是否仍符合你當下的生活與價值觀。
- 保留優勢:延續那些有助於韌性、責任感與資源運用的行為。
- 替換限制性反應:學習新的解決方式,如情緒表達、協商技巧或資源整合,取代舊有的逃避與壓抑。

第 5 章　我們都活在一個叫「原生家庭」的 App 裡

當你能覺察並有意識地選擇保留或更新父母傳遞的生活模式，你就不再只是重演上一代的劇本，而能真正編寫屬於自己的生命版本。

第一部　你以為的起點，其實早就偏了

第二部
你以為的自由，其實只是慣性

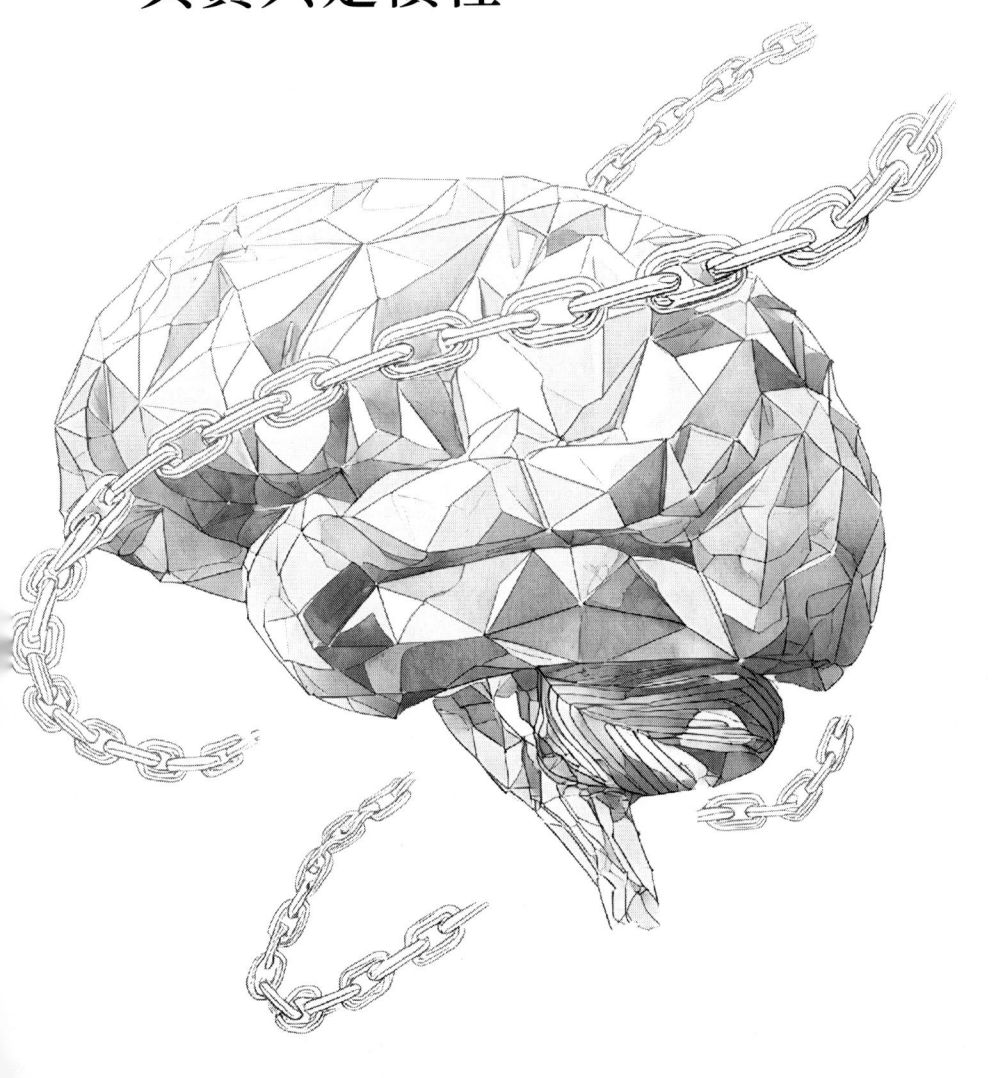

第二部　你以為的自由,其實只是慣性

第 6 章

人生大決定，
其實都是系統 1 選的

▋第 1 節　快思慢想理論如何操控你的人生分岔

現象引子：你以為的選擇其實早就自動完成

　　你可能以為自己在做重大決定時會經過縝密思考，仔細權衡利弊，然後才下結論。但現實是，許多看似深思熟慮的選擇，其實是在你意識到之前，腦中早已由「快思系統」自動完成。當你在選擇科系、決定是否換工作或答應某個邀約時，潛意識早就替你走了一步，而理性思考只是用來為結果找理由。

理論解說：系統 1 與系統 2 的運作差異

　　諾貝爾經濟學獎得主丹尼爾・康納曼（Daniel Kahneman）將人類的思考分為兩種系統 —— 系統 1（快思）與系統 2（慢想）。系統 1 快速、直覺、情緒化，能在極短時間內作出反應；系統 2 則緩慢、邏輯、深思熟慮。雖然我們傾向相信自己是依靠系統 2

做人生大決定，但實際上，系統 1 經常在第一時間掌握主導權，尤其是在資訊不完整或情緒高漲的情況下。

學術連結：直覺決策的利與弊

研究顯示，系統 1 的直覺在熟悉領域中非常高效，例如經驗豐富的醫師能在幾秒內辨識出病患的危險症狀。但在陌生情境下，系統 1 也容易受到偏見、情緒與刻板印象的影響，導致我們高估眼前選項的好處，或低估潛在風險。

生活延伸：日常中的「自動駕駛」

在感情中，你可能因為對方的外貌、談吐或一瞬間的默契感，就迅速決定要進一步交往；在職場中，你可能因為面試時的第一印象，就認定一家公司值得加入。這些判斷不一定錯，但如果完全依賴系統 1，就可能忽略重要的長期因素。

常見盲點：高估理性思考的參與度

我們習慣在事後用系統 2 來「包裝」決定，彷彿一切都是經過深思熟慮才得出的結論。但實際上，系統 2 更多是在為系統 1 的直覺背書，而不是從零開始推導出答案。

行動策略：讓系統 1 與系統 2 合作

- 延遲關鍵決策：在重大選擇上，刻意多留一些時間，讓系統 2 有機會介入。
- 檢查直覺依據：問自己，這個決定是基於事實還是感覺？

第 6 章　人生大決定，其實都是系統 1 選的

- 建立檢核清單：在重要抉擇時用固定問題檢視選項，例如「最糟的情況是什麼？」、「還有沒有人提醒我忽略了什麼？」
- 分離情緒與事實：在情緒高漲時避免做出不可逆的決定，先等待情緒回落。

當你能同時利用快思的效率與慢想的縝密，你就能在面對人生分岔口時，不再只是被系統 1 自動推著走，而是更有意識地選擇前進的方向。

第 2 節　選科系、換工作、選老闆，其實都是「認知吝嗇」

現象引子：省腦力的選擇陷阱

當我們面對複雜且資訊龐大的決策時，大腦傾向選擇省力的捷徑，快速抓住幾個關鍵線索，就直接下結論。選科系時，你可能因為「聽說這科好找工作」就決定；換工作時，你可能因為「這家公司名字比較響亮」就接受；選老闆時，你可能因為「第一印象不錯」就心生好感。這種不願耗費過多心智資源的傾向，就是「認知吝嗇」的典型表現。

理論解說：認知吝嗇與有限理性

「認知吝嗇」（Cognitive Miser）是社會心理學中的概念，指人們傾向用最少的思考完成任務，以節省心理能量。這與司馬

第二部　你以為的自由，其實只是慣性

賀（Herbert Simon）的「有限理性」有關——我們並非追求最優解，而是追求在有限資訊與能力下的「足夠好」。這種策略雖然能節省時間，但也可能讓我們錯過更合適的選項。

學術連結：啟發式偏誤的影響

心理學研究顯示，認知吝嗇會使人過度依賴啟發式（Heuristics）——例如可得性偏誤（越容易想起的資訊越被重視）或代表性偏誤（用刻板印象推斷可能性）。在職涯與人際決策中，這意味著我們可能過度依賴表面訊號，而忽略深層因素。

生活延伸：從校園到職場的延續

在校園選科系時，你可能參考學長姐的建議，而不是全面分析自身興趣與長期發展；在職場換工作時，你可能優先選擇離家近或薪資略高的機會，而忽略企業文化與成長空間；選擇老闆時，你可能只看重幽默感，卻忽略了領導風格是否與你的價值觀契合。

常見盲點：以為省時就是高效

許多人將快速決策視為果斷與效率，但如果缺乏足夠資訊與反思，這種省力的選擇往往會在後續付出更高的代價，例如轉行成本、適應壓力或心理落差。

行動策略：打破認知吝嗇的慣性

◆ 設定評估標準：在選擇前先確定重要評估項目，避免被單一因素影響。

◆ 刻意增加比較樣本：不滿足於第一個看似可行的選項，至少比較三個以上方案。
◆ 檢查動機來源：確認自己的理由是基於真實需求，而非省事的本能。
◆ 安排反思時間：在重要決策中給自己延遲判斷的緩衝期，讓系統 2 有介入的機會。

當你能在省力與謹慎之間找到平衡，就能降低認知吝嗇對人生重大選擇的影響，讓每一次轉折都更貼近你真正的長遠目標。

第 3 節　明知有更好選項，卻總選容易的那個？

現象引子：為什麼我們偏好「眼前的方便」

你可能曾經遇過這種情況：明明知道某個選項更符合長遠利益，但最後還是選了那個省事、方便、立即能上手的方案。例如：明知某家公司培訓制度完善、發展空間大，但因為另一家公司離家近、工時短，就放棄了前者。這種偏好容易選的傾向，並不單純是懶惰，而是心理機制在作祟。

理論解說：即時滿足與努力規避

行為經濟學指出，人類天生有「即時滿足偏誤」（Present Bias），會高估眼前好處，低估長期回報。同時，心理學中的「努

力規避理論」(Effort Avoidance Theory) 也說明，我們會自動傾向選擇需要較少努力的路徑，即便這代表放棄更好的成果。

學術連結：認知負荷與決策品質

研究顯示，當人處於高認知負荷（如壓力大、疲憊、時間緊迫）時，更容易依賴系統1的直覺反應，並選擇看似簡單的選項。這是因為大腦在資源有限的情況下，會優先保護能量，犧牲決策深度。

生活延伸：職涯與人際中的短視行為

在職涯規劃中，選擇容易的路可能意味著放棄挑戰與成長；在人際關係中，可能選擇和現成的朋友圈待在一起，而不是花力氣認識新的人脈。短期看來省心，長期卻可能錯失打開新機會的大門。

常見盲點：把容易等同於正確

許多人誤以為「輕鬆達成」就是好的決策標誌，但容易取得的選項往往是經過妥協與刪減的版本，缺乏長期價值與韌性。過度依賴這種選擇模式，會讓生活陷入舒適區，難以突破。

行動策略：學會延遲「容易」的誘惑

- 拉長決策時間：當容易的選項出現時，先給自己一段緩衝期，檢視長期影響。
- 明確化長期收益：用具體數據或情境想像，讓長期利益更有吸引力。

- 分解困難任務：將需要努力的選項拆成小步驟，降低心理阻力。
- 檢查舒適區：定期評估自己是否因為怕麻煩而放棄更具挑戰性的選擇。

當你能看清「容易」背後的心理陷阱，並主動給自己時間與空間去考慮長期價值，就能避免一次次被省事的誘惑牽著走，讓人生更貼近你真正的理想藍圖。

第4節　越重要的決定越快做，為什麼？

現象引子：重大抉擇的「秒殺」現象

你是否注意過，有時面對人生中最關鍵的選擇——例如是否接受一份遠在國外的工作、是否同意結婚、是否買下第一間房子——你反而很快就拍板定案？表面上這看起來像是自信與果斷，但心理學告訴我們，這種快速決策常源於潛意識的自動運作，而非完整的理性分析。

理論解說：情緒主導與認知閘門

行為決策科學指出，當決定的重要性極高時，反而會引發強烈的情緒反應，使系統1快速接管決策過程。這是因為大腦為了避免被大量資訊壓垮，會啟動「認知閘門」，篩除需要深度處理的細節，讓我們憑直覺與情感迅速行動。

第二部　你以為的自由，其實只是慣性

學術連結：承諾效應與第一印象

研究顯示，人在重大決策中容易受到「承諾效應」(Commitment Effect)與第一印象的影響。一旦我們對某個選項產生情感傾向，就傾向迅速做出承諾，以減少不確定感帶來的焦慮。這在感情與職涯決策中尤為明顯。

生活延伸：快決策的兩面性

在感情中，有人可能在交往不久後就求婚，因為感覺「就是對的人」；在職場中，有人可能在短暫面試後就答應新工作，因為對方看起來很有魅力。這種快速行動有時能帶來幸運的結果，但也可能讓我們忽略潛在的風險與長期影響。

常見盲點：把速度當作正確的象徵

很多人誤以為「重要的事必須快速決定」是一種效率的象徵，但事實上，越是重要的決策越需要系統 2 的參與和深思。過快的決策往往來自情緒驅動，而非資訊充足的判斷。

行動策略：放慢重大決策的節奏

- 強制延遲機制：設定至少 24～72 小時的冷靜期，避免在情緒高峰期下定論。
- 雙層檢核：先用直覺選出偏好的選項，再用理性分析檢查理由與數據是否站得住腳。
- 引入第三方觀點：在重大抉擇前，找可信任的對象提供不同角度的意見。

第 6 章　人生大決定，其實都是系統 1 選的

◆ 想像反向情境：思考如果選擇另一個方案，五年後的生活會是什麼樣子。

當你在重大決策中學會為自己按下「暫停鍵」，不僅能降低情緒偏誤的影響，也能讓你的選擇更穩健，真正符合長期利益。

第 5 節　決策中沒選的選項，怎麼偷偷報復你

現象引子：那些沒被選中的選項，其實沒消失

做出決策後，我們常以為未被選擇的選項會自動退出舞臺，不再對我們的人生產生影響。然而，心理學發現，那些被放棄的選擇會以各種形式「回來找你」，它們可能化成後悔、懷疑，甚至改變你對現有選擇的滿意度。

理論解說：機會成本與認知失調

經濟學中的機會成本提醒我們，每做一個選擇，就意味著放棄了其他可能性。而心理學的認知失調理論（Cognitive Dissonance Theory）則指出，當放棄的選項看起來依然具吸引力時，會與我們現有的選擇產生衝突，進而引發不安與懷疑。

學術連結：後悔預期與選擇後效應

研究顯示，人們在做決策時不僅會考慮眼前的結果，還會無意識地評估「未來可能的後悔」。這種後悔預期（Regret Anticipation）會讓我們在做出選擇後，反覆想起那些沒被選中的可能性，特別是在當前選擇遇到挫折時，放棄的選項會變得更加美化。

生活延伸：日常中的「選擇陰影」

在感情中，你可能會在伴侶關係出現矛盾時，想起當初沒選的另一個人；在職涯中，你可能會在工作壓力大時懷疑，若當時選了另一家公司，生活會不會更好。這些想法可能動搖你對現狀的承諾，甚至影響行動與情緒。

常見盲點：忽略了「想像的完美」偏差

未被選擇的選項，往往停留在想像中，因此缺乏現實的缺點與挑戰。我們容易陷入「想像的完美」偏差，認為它一定比現狀更好，卻忘了它在真實中也可能並不理想。

行動策略：化解沒選中的選項帶來的影響

- 誠實檢視當初的理由：提醒自己，當時的選擇是基於什麼條件與資訊。
- 記錄當下的優勢：將現有選擇的好處具體化，減少對過去的美化。
- 情境重構：想像若當初選了另一條路，可能會面對的挑戰與壓力。
- 專注當下行動：將精力投入在改善現有情況，而非反覆回顧過去的「如果」。

第 6 章　人生大決定，其實都是系統 1 選的

當你能看清沒選中的選項只是人生的另一條可能路徑，而不是命中注定的完美答案，你就能專注經營當下，減少後悔對決策滿意度的侵蝕。

第二部　你以為的自由，其實只是慣性

第 7 章

愛情裡你選誰，
不是自由，而是投射

▌第 1 節　為何總愛上一樣的人，
　　　　　卻總有一樣的下場？

現象引子：熟悉感的愛情輪迴

　　你是否曾經發現，自己總是愛上同一類型的人，雖然外表、背景、名字不同，但性格特徵或相處模式卻驚人相似？更諷刺的是，這段感情最後的結局也常常如出一轍。這不是巧合，而是潛意識在情感選擇上的重複劇本。

理論解說：依附模式的情感牽引

　　依附理論指出，人們在童年與主要照顧者之間建立的情感模式，會深刻影響成年後的親密關係選擇。如果你在成長過程中習慣追逐疏遠的愛，或在被過度控制的環境中成長，那麼你在愛情中很可能會不自覺地尋找能重現這種熟悉感的對象。

第二部　你以為的自由，其實只是慣性

學術連結：重複創傷 (Repetition Compulsion)

精神分析學中的「重複創傷」概念解釋了這種現象 —— 人們會不自覺地重複過去的情感傷口，試圖在新的情境中改寫結局。然而，沒有覺察與改變時，這種嘗試往往只會複製舊傷，導致相似的痛苦再次發生。

生活延伸：不同外表、同一靈魂

在現實生活中，你可能認為自己換了一種「愛的對象」，但實際上只是換了一個外殼，核心特質依然相同 —— 比如總是選擇情感忽冷忽熱的人、過度需要照顧的伴侶，或是不願承擔承諾的人。這讓愛情像是在不同包裝的禮物盒中拆出同一顆地雷。

常見盲點：把熟悉感當成安全感

許多人誤以為熟悉感就是安全感，但熟悉感更多時候只是過去經驗的重播，即使那些經驗曾經帶來痛苦。潛意識的吸引力讓我們誤把「已知的痛」當作「可控的愛」，忽略了它會再次傷人。

行動策略：打破情感的複製模式

- 辨識重複特徵：回顧過去的感情，找出對象與相處模式中的共通點。
- 覺察情感觸發點：當你因為熟悉感而被吸引時，先停下來問自己這是喜歡還是習慣。

第 7 章　愛情裡你選誰，不是自由，而是投射

- ◆ 嘗試不同類型的互動：刻意與過去不會選擇的人建立交流，擴大情感經驗的範圍。
- ◆ 建立新安全感來源：在自我肯定與健康關係中，學習從穩定而非刺激中獲得滿足。

當你能看見自己情感選擇背後的模式，並有意識地去打破它，你才能真正走出舊劇本，迎來不同結局的愛情故事。

第 2 節　情緒熟悉感是愛情最大的陷阱

現象引子：那種「似曾相識」的心動

你是否曾在遇到某人時，感到一股莫名的熟悉與親切，彷彿早已認識多年？這種情緒熟悉感很容易讓人誤以為是命中注定的吸引力，卻忽略了它背後可能藏著過去未解的情感模式與傷口。

理論解說：情緒記憶與吸引機制

情緒熟悉感往往來自童年或早期關係中的情緒記憶。當我們遇到與過去相似的情感氛圍時，大腦會釋放熟悉與安全的錯覺，即使這種氛圍曾帶來痛苦。我們的吸引機制會被啟動，讓人不自覺地靠近，重演舊有的互動模式。

第二部　你以為的自由，其實只是慣性

學術連結：情感腳本（Emotional Scripts）

心理學研究指出，人際關係中存在「情感腳本」——一套潛意識的互動預期與反應模式。當某人觸發了我們熟悉的情感腳本，即便對方的行為未必健康，我們仍會因為可預測性而感到安心。

生活延伸：安全感與危險感的交錯

這種情緒熟悉感不一定是正面的。在感情中，它可能吸引你去找與過去相似的控制型、忽冷忽熱或情感忽視型伴侶，因為你的心習慣了這種情感節奏。短期內，這種熟悉感會讓你覺得安全，但長期來看，卻可能重創自尊與信任感。

常見盲點：把熟悉感當作真愛的信號

許多人以為「第一眼就覺得很對」是愛情最真實的證據，但實際上，它更可能是潛意識在重啟一段舊模式。這種模式未必有助於幸福，反而可能是陷阱。

行動策略：辨別熟悉感的來源

- 回顧情感歷史：檢視你的熟悉感是否與過去的負面經驗相連。
- 設立觀察期：在投入感情前，給自己時間觀察對方是否真的適合。
- 測試安全感來源：確認安全感是來自對方的尊重與穩定，而不是單純的熟悉節奏。

◆ 擴展情感經驗：嘗試與帶來不同情緒模式的人建立關係，打破單一的情感腳本。

當你能看清情緒熟悉感的心理根源，你就能避免被它牽著走，為自己選擇真正能帶來幸福與成長的愛情。

第 3 節　你喜歡的，可能是父母遺留的情感缺口

現象引子：吸引力背後的空洞

有時候，你會發現自己總是被某種類型的人深深吸引——或許是溫柔體貼、或許是充滿掌控感、或許是情感忽遠忽近。這些特質看似隨機，實際上往往指向了你童年時父母在情感上留給你的空白，那些未被滿足的需求，會化為你在成年後愛情中的追尋。

理論解說：依附需求的延續

依附理論指出，兒童在成長過程中若經常經驗到情感的缺失，例如缺乏讚美、支持或安全感，他們會在未來的親密關係中尋找補償。這種補償心理會驅動我們對特定性格與互動方式產生強烈吸引，即便這種互動模式未必健康。

第二部　你以為的自由，其實只是慣性

學術連結：情感匱乏與伴侶選擇

心理學研究顯示，伴侶選擇中存在「補償性吸引」（Compensatory Attraction）現象——人們傾向選擇能填補過去情感匱乏的對象。這種傾向雖能帶來短暫的滿足感，但也容易導致依賴與失衡的關係，因為關係的核心是彌補，而非平等交流。

生活延伸：情感缺口的日常化

如果你在童年時缺乏肯定，長大後可能會特別渴望伴侶的讚美與認可；如果你曾經感到被忽略，你可能會對過度關心的對象格外著迷。這些吸引力在初期看似浪漫，長期卻可能演變為過度依附或情感焦慮。

常見盲點：把補償當成愛

許多人沒有意識到，自己追求的不是對方這個人本身，而是對方所帶來的情感補足感。一旦對方無法持續滿足這種需求，關係便可能陷入失落與衝突。

行動策略：填補缺口的健康方式

- 覺察自己的情感缺口：誠實檢視自己在童年時最渴望卻沒獲得的情感支持。
- 培養自我滿足能力：透過自我肯定、興趣發展與社交連結，減少對單一關係的情感依賴。
- 選擇互補而非補償的伴侶：尋找能與你共享價值觀、互相成長，而非單方面填補缺口的人。

◆ 在關係中練習平衡：確保情感交流是雙向的，不因對方滿足你的需求而忽略對方的需求。

當你能意識到吸引背後的情感缺口，並學會用健康的方式填補它，你才能在愛情中真正看見對方的本質，而不是被過去的空洞牽引著前行。

第 4 節　分手後的崩潰，是自我認同的瓦解

現象引子：為什麼失戀像失去自己

很多人在分手後的痛苦，不只是失去了某個人，而是失去了與對方相處時，那個自己。當你將大量的自我認同建立在一段關係上，分手不僅是感情的結束，更像是自我版圖的一大塊被撕裂，留下空洞與混亂。

理論解說：自我延伸理論

心理學中的「自我延伸理論」（Self-Expansion Theory）指出，人們會透過親密關係擴展自我，將伴侶的興趣、資源與特質內化為自己的一部分。分手時，這些延伸的部分被抽離，導致自我概念的急劇收縮，並引發身分危機。

第二部　你以為的自由，其實只是慣性

學術連結：關係喪失與自我重建

研究發現，分手後的痛苦強度與你在關係中投入的自我比例高度相關。當伴侶角色占據你日常生活、價值感與未來規劃的核心時，分手會引發「自我瓦解效應」，使你在情感與功能上同時陷入失衡。

生活延伸：當「我們」變回「我」

在戀愛中，你可能養成了共同的習慣、語言與生活節奏。分手後，這些習慣會突然失去意義，例如原本的週末計畫、聊天話題或共同夢想都成為提醒失落的刺。這不只是失去伴侶，也是失去了一個與自己密不可分的「我們」。

常見盲點：把關係當作自我的全部

很多人在愛情中忽略了獨立的自我建構，將幸福感完全交託給伴侶。一旦關係終結，缺乏穩固自我的基礎，就容易陷入自我價值崩塌與未來方向迷失的狀態。

行動策略：分手後的自我重建

- 回收自我版圖：將原本屬於「我們」的興趣、活動轉化為專屬於自己的版本。
- 重塑日常節奏：建立新的生活習慣，減少對舊模式的依賴。
- 多元化自我認同：發展多個與愛情無關的角色與身分，例如學習新技能、參與社群活動。

第 7 章　愛情裡你選誰，不是自由，而是投射

◆ 情緒書寫：透過寫日記或創作，將分手後的情感轉化為自我理解與成長的資源。

當你能意識到分手帶來的痛苦根源是自我認同的瓦解，並主動投入自我重建的過程，愛情的結束就不再是自我的終結，而能成為重新定義自己的起點。

第 5 節　真愛來時你會不會認錯人？

現象引子：那份心動是否真的是「真愛」

很多人夢想真愛到來的那一刻，會有一種無法忽視的心動。然而，現實中我們常常把強烈的情緒或熟悉的互動模式，誤認為是真愛的信號。這種誤判不僅可能讓我們投入錯誤的關係，也可能讓真正適合的對象從眼前溜走。

理論解說：情感投射與心理需求

心理學中的「情感投射」指出，當我們內心有某種強烈的需求或渴望時，容易將它投射到遇到的人身上，並相信對方就是能滿足這種需求的唯一人選。然而，這種吸引力往往來自內在缺口，而非對方本身的真實特質。

第二部　你以為的自由，其實只是慣性

學術連結：錯誤歸因效應

研究發現，人在情緒激動時更容易發生「錯誤歸因效應」（Misattribution of Arousal），例如在刺激性情境下遇到的人，會被誤認為特別有魅力。這意味著，我們感覺到的「心動」，可能只是當下情境與生理反應的結合，而不是基於真實契合的愛。

生活延伸：誤判真愛的日常案例

在旅行中遇到的人，可能因短暫的激情與新鮮感讓你以為遇見靈魂伴侶；在低潮期給予你關心的人，可能因為填補了孤獨而被你認為是命定之人。這些關係未必不能發展，但若缺乏冷靜評估，就可能在激情退去後暴露價值觀與生活方式的落差。

常見盲點：把情緒強度當成契合度

許多人將強烈的情緒反應與深刻的契合劃上等號，忽略了長期穩定關係需要的核心要素——價值觀一致、溝通順暢、彼此尊重與支持。短暫的強烈吸引並不等同於真愛，反而可能是情感陷阱。

行動策略：辨識真愛的真實面

- 拉長觀察期：不要急於下結論，觀察對方在不同情境下的行為與態度。
- 檢查核心契合度：確認雙方在價值觀、生活方式與長期目標上的一致性。

第 7 章　愛情裡你選誰，不是自由，而是投射

◆ 分離情緒與評估：在情緒高漲時暫緩重大承諾，等到情緒回歸穩定再評估。

◆ 詢問第三方觀察：請信任的朋友或家人給予外部觀點，避免陷入情感盲區。

當你能區分情緒的衝擊與真愛的實質基礎，你就能減少認錯人的風險，為自己創造更穩定而真實的愛情關係。

第二部　你以為的自由，其實只是慣性

第 8 章

你花的不是錢,是安全感

▎第 1 節　消費欲望來自於匱乏還是社交壓力?

現象引子:你買的,到底是物品還是感覺?

當你在購物時,是因為真正需要,還是因為怕落後別人?有時候,我們想買某樣東西,並不是真的因為它的功能,而是因為內心的匱乏感,或者害怕在社交圈中被認為「不跟潮流」。

理論解說:內在匱乏與外部比較

心理學中,內在匱乏指的是對自我價值或安全感的不足感,這會驅動人們透過外部物品或體驗來填補。而社會比較理論指出,我們會不自覺地與周遭的人比較,並用消費行為來維持或提升自己在群體中的位置。

學術連結:相對剝奪感與消費行為

研究顯示,相對剝奪感(Relative Deprivation)—— 也就是覺得自己擁有的比別人少 —— 會顯著提高衝動購物與奢侈品消

費的傾向。即使實際生活並不匱乏，人們仍可能因為社交壓力而選擇過度消費，以求獲得心理平衡。

生活延伸：購物清單背後的動機

你可能會為了跟朋友合拍而買同款球鞋，或因為同事都用某品牌手機而更換設備。這些消費行為看似選擇自由，實際上是被匱乏感與社交壓力共同驅動的結果。

常見盲點：以為滿足欲望就能解決不安

很多人誤以為買到想要的東西就能永久解除內心的不安，但事實上，消費帶來的滿足感往往是短暫的，過後反而會因為財務壓力或新一輪比較而陷入更深的焦慮。

行動策略：分辨真正的購物動機

- 購物前問自己「為什麼」：是因為需要，還是因為怕被看不起？
- 延遲購買：給自己24小時觀察欲望是否減弱，過濾衝動消費。
- 建立非物質的價值來源：從技能、經驗或人際關係中獲得成就感，而非僅依賴物品。
- 降低比較頻率：減少在社群媒體上接觸過度消費的訊息，降低被觸發的可能性。

當你能分辨匱乏感與社交壓力對購物欲望的影響，就能更有意識地選擇消費，讓每一次花錢都更貼近真實需求，而不是情緒的暫時補丁。

第 2 節　為什麼限量是種心理戰？

現象引子：搶不到就更想要

當你看到「限量發售」或「只剩最後 3 件」的標語時，是否立刻感到心跳加快、購物衝動倍增？限量策略之所以有效，不是因為商品本身突然變得更有價值，而是因為它觸發了我們大腦中對稀缺性的本能反應。

理論解說：稀缺效應與心理稀缺

行為經濟學中的「稀缺效應」（Scarcity Effect）指出，當資源被認為是有限的，人們會高估它的價值。心理學研究也顯示，稀缺訊息會引發「心理稀缺」（Psychological Scarcity），使我們的注意力集中在該資源上，並優先行動以確保獲得。

學術連結：損失厭惡的加乘作用

康納曼與特沃斯基的前景理論（Prospect Theory）指出，人類對損失的敏感度遠高於獲得的快感。限量策略正是利用了損失厭惡，讓消費者擔心「錯過機會」的痛苦勝過等待的理性分析。

生活延伸：從球鞋到演唱會門票

無論是限量球鞋、限定口味冰淇淋，還是熱門演唱會門票，商家都善用「稀缺＋時間壓力」的組合，加速你的購物決策。這種心理戰在數位購物平臺中更為常見，例如倒數計時、即時庫存數量提醒，都是精心設計的觸發器。

常見盲點：把搶到當作勝利

許多人在搶到限量商品後，滿足感來自於「我贏了別人」而非商品本身的實用性。這種滿足感短暫且易逝，甚至可能在之後意識到「其實不太需要」時產生購物懊悔。

行動策略：破解限量的心理陷阱

- 冷靜倒數：在倒數計時壓力下，先給自己 5 分鐘檢查需求真實性。
- 反向提問：問自己「如果不是限量，我還會想要嗎？」
- 列出替代品：找出功能相似的其他選項，降低稀缺訊息的影響力。
- 設定年度限量預算：允許自己一年內在限量商品上花費固定金額，避免過度衝動。

當你看穿限量策略背後的心理機制，就能在面對這種行銷手法時保持清醒，讓購物決定由你掌控，而不是由倒數計時器決定。

第 3 節　你以為是買東西，其實是買價值感

現象引子：物品背後的無形標籤

你是否曾經買過一件並不特別實用，但卻讓你感到特別有面子的東西？不管是名牌包、限量球鞋，還是某款高端手機，

第 8 章　你花的不是錢，是安全感

我們常以為自己是在購買物品本身，但事實上，我們買下的是一種自我價值的體驗與象徵。

理論解說：象徵性消費

心理學中的「象徵性消費」（Symbolic Consumption）指出，人們不僅購買產品的功能，更購買它所代表的社會意義與身分象徵。這種消費行為滿足的不僅是物質需求，更是心理需求，例如自尊、認同感與社會地位。

學術連結：自我概念與品牌連結

研究顯示，當消費者將某品牌與自己的自我概念連結起來時，品牌就成為了自我表達的一部分。例如：一個人選擇特定車款，不只是因為它性能優越，而是因為它與自己想展現的形象相符。這種連結會加強品牌忠誠度，即使更便宜或更實用的替代品存在。

生活延伸：購物作為自我敘事

購物行為往往成為我們建構自我故事的素材。一個喜歡藝術的人可能偏好設計感強烈的家具，一個熱愛運動的人會收集最新款的運動裝備。這些物品像是無聲的名片，向外界傳達我們是誰、重視什麼。

常見盲點：忽略了價值感的易變性

價值感往往依附在社會潮流與外部評價之上，因此具有高度的不穩定性。當潮流改變或他人的關注減弱時，那些曾帶

來價值感的物品,可能瞬間失去吸引力,留下的只有花費與空虛感。

行動策略:讓價值感回歸自我定義

- 檢視動機:在購物前問自己,這件物品的價值感是來自自身喜好,還是外部評價?
- 投資於體驗:多將金錢花在能提升自我成長與生活品質的體驗上,而非僅是物品。
- 建立內在價值系統:培養不依賴外物的自信與成就感,例如技能提升或健康管理。
- 長期觀察:給自己一段時間觀察,確定價值感是否能持續,而非一時衝動。

當你能將消費中的價值感從外部標籤轉向內在認同,你的購物行為將不再只是為了取悅他人,而是真正為了成就自己。

第 4 節　滿額贈如何讓人做出不理性的選擇

現象引子:為了「多賺」反而花更多

你是否曾經為了拿到滿額贈而多買了原本不需要的東西?例如:本來只打算花 800 元,但因為滿 1,000 元送禮品,就硬湊了額外的 200 元。看似賺到,實際上卻讓你花了更多錢,還買回了不一定會用的東西。

第 8 章　你花的不是錢，是安全感

理論解說：沉沒成本與框架效應

心理學中的「沉沒成本謬誤」（Sunk Cost Fallacy）指出，人們不願放棄已經投入的資源，因此當消費接近滿額門檻時，為了「不浪費」已經花的錢，就更傾向繼續消費。同時，「框架效應」（Framing Effect）會讓我們因為禮品被包裝成「獎勵」，而忽略它其實是商家提前計算好的行銷成本。

學術連結：即時獎勵與購物衝動

行為經濟學的研究發現，即時獎勵能顯著提高消費者的購買意願。滿額贈屬於典型的即時回饋機制，它透過短暫的「獲得感」強化了消費行為，即使回饋的實際價值不高。

生活延伸：從百貨公司到電商平臺

百貨週年慶、超市促銷、電商平臺的「滿額送」活動，都在利用這種心理機制。即使禮品只是印有商標的購物袋或不耐用的生活小物，消費者仍會因為「不想錯過」而多花一筆錢去達成門檻。

常見盲點：混淆「價值」與「價格」

很多人會因為滿額贈而誤以為自己在賺便宜，但實際上，這筆花費可能根本沒有在滿足真正的需求，甚至會造成家中囤積過多不實用的物品，形成浪費。

第二部　你以為的自由，其實只是慣性

行動策略：理性應對滿額贈

- 預先設定購物清單：先決定要買的物品，再判斷是否剛好達到門檻，避免為了湊數額外消費。
- 換算禮品的實際價值：如果禮品價值低於你額外花的金額，就不值得為了它多買東西。
- 設定消費上限：不因滿額贈改變原本的預算。
- 問自己三次「真的需要嗎」：確保每一筆額外支出都能帶來實際用途。

當你能看穿滿額贈背後的心理誘因，就不會被「多送一點」的幻覺牽著走，而能真正掌控自己的錢包與購物選擇。

第 5 節　財富自由焦慮，是焦慮在說「想自由」

現象引子：為什麼越想自由，越感到焦慮

很多人把「財富自由」視為人生終極目標，認為只要存夠錢，就能隨心所欲地生活。然而，追求的過程中，我們往往變得更焦慮、更不安，甚至陷入無止境的比較與擔憂。事實上，這種焦慮反映的並不只是對金錢的渴望，而是對「掌控人生」的需求。

第 8 章　你花的不是錢，是安全感

理論解說：焦慮的投射效應

心理學指出，當人們感到生活缺乏掌控感時，容易將安全感的來源投射到單一目標上。對某些人來說，這個目標就是金錢。他們相信財富能解決所有不確定感，因此把「自由」與「財務數字」直接劃上等號。

學術連結：目標轉移與幸福適應

行為經濟學中的「幸福適應」（Hedonic Adaptation）指出，即使達到財富目標，人們也會很快適應新水準，然後將目標推得更遠，形成無限循環。這種目標轉移效應使人即使在財務狀況良好時，依然感到焦慮，因為真正的需求──對自由與安全感的渴望──從未被正視。

生活延伸：從數字到情緒的錯位

許多人計劃退休金、被動收入、投資報酬率時，真正追求的並不是數字本身，而是能夠不受外界束縛的生活感。但在追求過程中，他們忽略了情緒健康與生活彈性的培養，結果變成了「存夠錢卻不敢花」的矛盾狀態。

常見盲點：忽略自由的多元來源

把自由單純與金錢掛鉤，會讓人陷入單一策略思維，忽視了時間自主權、人際關係品質、健康狀況等同樣影響自由感的重要因素。

第二部　你以為的自由，其實只是慣性

行動策略：讓自由感不只來自金錢

◆ 分辨真需求：釐清自己追求財富自由的背後，是想要時間、空間、還是情緒上的自由。

◆ 設定多元自由目標：同時追求健康、人際、技能與財務的平衡發展。

◆ 降低比較頻率：減少與他人財務狀況的比較，專注於自己的步調與計畫。

◆ 在過程中創造自由感：在追求財務目標的同時，透過彈性工作、興趣發展與生活規劃，提前體驗自由感。

當你能看清財富自由焦慮背後的心理需求，就能在追求的路上減少無謂的緊張感，並且在抵達終點之前，就先享受到「自由」的滋味。

第 9 章

選擇太多，
其實是選不下去的主因

第 1 節　選擇過載讓你在超商都能卡 20 分鐘

現象引子：站在貨架前的猶豫不決

你是否有過這樣的經驗：只是想買瓶飲料，卻在超商的冰櫃前猶豫了二十分鐘？看著數十種包裝、口味與優惠組合，大腦像是當機一樣，不知道該伸手拿哪一瓶。這種情況，就是典型的「選擇過載」在日常生活中的展現。

理論解說：選擇過載效應

選擇專家希納・伊恩加（Sheena Iyengar）的研究指出，當選項過多時，人們反而更難做決定，甚至選擇不做決定。雖然更多的選擇看似帶來自由，實際上卻會增加大腦處理資訊的負擔，導致決策疲勞與行動延遲。

第二部　你以為的自由，其實只是慣性

學術連結：決策成本與後悔風險

行為經濟學中提到，選項越多，評估成本就越高，而且選擇後的「後悔風險」也會增加。因為當你從二十種飲料中選了一瓶，如果它不夠好喝，你會覺得自己可能錯過了十九個更好的選擇。

生活延伸：從超商到人生大事

這種現象不只發生在超商。找工作、挑房子、選擇伴侶，當選項過多且差異細微時，我們常陷入「選擇延宕」——一再收集資訊、一再等待更好機會，結果是行動被無限推遲。

常見盲點：以為更多選擇等於更好結果

許多人認為多一點選擇就能找到更完美的答案，但事實是，超過一定數量的選項後，滿意度並不會顯著提高，反而容易因資訊過載而降低決策品質。

行動策略：精簡選項，提升決策效率

- 設定篩選條件：先確定 3～5 個最重要的條件，只挑符合的選項。
- 限制比較數量：一次比較的選項不要超過 5 個，降低資訊負擔。
- 給決策時限：設定明確的截止時間，避免無限延長選擇過程。
- 接受「足夠好」原則：追求滿意，而非完美，降低後悔風險。

第 9 章　選擇太多，其實是選不下去的主因

當你能有效控制選項的範圍，選擇過載就不再是卡住你生活的絆腳石，而能讓你更快、更輕鬆地做出行動。

第 2 節　決策疲勞　為什麼讓人寧願錯也不再選？

現象引子：腦袋累到懶得選

你是否在逛街或購物時，到了最後幾家店，就隨便挑一件了事，甚至明知可能不是最佳選擇？這種「隨便選」不是因為不在乎，而是因為大腦在長時間的判斷與比較後，進入了「決策疲勞」的狀態。

理論解說：意志力資源有限

心理學研究指出，意志力與決策能量是一種有限資源。每一次判斷、比較與選擇，都會消耗這種能量。當資源耗盡時，人就會傾向於選擇最簡單、最省力的方案，即使這代表選擇錯誤的機率增加。

學術連結：自我耗竭效應

鮑邁斯特（Baumeister）等人提出的「自我耗竭理論」（Ego Depletion Theory）指出，長時間的選擇與控制衝動會降低後續的自我控制能力。這也是為什麼購物到最後，你會買下第一眼看到的東西，或者乾脆不買。

生活延伸：從購物到重大人生決策

決策疲勞不只會影響購物行為，也會影響人生大事。例如：一整天面試多個候選人的主管，到了最後幾位時，可能會直接選一個「看起來還不錯」的人，而不再深入評估。

常見盲點：把隨便選當作果斷

很多人誤以為自己在最後的快速選擇是一種果斷，其實更可能是大腦能量不足導致的「懶得選」。這樣的決策品質往往遠低於精力充沛時的判斷。

行動策略：降低決策疲勞的影響

- 優先處理重要選擇：將最重要的決策安排在精力最充沛的時段。
- 限制每日重大決策數量：減少大腦能量的過度消耗。
- 建立標準化流程：為常見的選擇設定固定流程或預設方案，減少重複判斷。
- 休息與補充能量：在連續做決策的過程中，適時休息、補充水分與食物，恢復判斷力。

當你了解決策疲勞的心理與生理機制，就能在關鍵時刻避免因「懶得選」而做出錯誤的決定。

第 3 節　後悔預期讓人停在原地不敢選

現象引子：害怕之後會後悔

你是否曾經面對一個重要決定，腦中反覆浮現「如果選錯怎麼辦」的念頭，結果遲遲不敢行動？即使手上已有足夠資訊，你還是被對未來後悔的恐懼卡住，寧可什麼都不選，也不想冒險承擔錯誤的結果。

理論解說：後悔預期理論

心理學中的「後悔預期理論」（Regret Aversion Theory）指出，人們在做決策時，不僅評估可能的利益與損失，還會預測自己在不同情境下的後悔感受。當預期的後悔感過於強烈時，我們傾向於迴避決策，以避免承擔情緒壓力。

學術連結：損失厭惡的情緒延伸

前景理論（Prospect Theory）中提到的損失厭惡，與後悔預期有密切關係。損失帶來的痛苦往往是獲得快感的兩倍以上，而後悔感就是這種痛苦的放大版，讓我們在選擇前就被情緒鎖住，導致行動延宕。

生活延伸：從購物到人生規劃

這種心理在購物中可能讓你不敢下單，在職涯規劃中則可能讓你拖延跳槽，在感情中更可能讓你錯過合適的對象。長期下來，雖然避免了短期後悔，但卻可能帶來更大的「錯過的後悔」。

第二部　你以為的自由，其實只是慣性

常見盲點：忽略了不選也是一種選擇

很多人以為不做決定就能避免錯誤，但實際上，停在原地也是一種決策，而且它同樣有成本——可能是機會的流失、時間的浪費，甚至是對自信心的侵蝕。

行動策略：降低後悔預期的阻礙

- 重新定義後悔：將後悔視為經驗的一部分，而不是失敗的標誌。
- 設定「可承受錯誤」範圍：在決策前想好自己能接受的最壞結果，降低恐懼感。
- 練習小決策：透過快速做小選擇來提升對後悔感的耐受度。
- 關注長期影響：將焦點放在長期滿意度，而非短期情緒起伏。

當你學會與後悔的可能性和平共處，就能在面對選擇時更果斷，讓人生不再被「怕錯」所主導。

第 4 節　選擇焦慮不是因為選項多，是因為怕錯

現象引子：不是不知道選什麼，而是不敢選

許多人以為自己在面對選擇時感到焦慮，是因為選項太多。但實際上，真正的原因往往是害怕做出錯誤的決定。即使

第 9 章　選擇太多，其實是選不下去的主因

只有兩個選項，我們依然可能陷入長時間的猶豫，因為大腦在不停模擬「如果選錯會怎樣」。

理論解說：錯誤恐懼與行動抑制

心理學研究指出，對錯誤的恐懼會啟動我們的「行動抑制系統」(Behavioral Inhibition System)，讓人更傾向於延遲或逃避決策，以避免承擔失敗的後果。這種模式會讓我們錯誤地以為，只要不行動，就能避免損失。

學術連結：後悔預期與風險迴避

與後悔預期理論相呼應，研究顯示，當人們在選擇時過度專注於錯誤的潛在後果，就會加劇風險迴避行為，寧可停留在「安全」的現狀，也不願踏出可能錯誤的一步。這種焦慮並非由選項數量決定，而是由對失敗的情緒反應驅動。

生活延伸：選擇焦慮的偽裝理由

你可能會告訴自己「選項太多我才不確定」，但如果仔細回想，就算只剩兩個選項時，你仍會想著「萬一另一個更好怎麼辦」。這意味著焦慮的根源不在於比較的複雜度，而在於對「錯過最佳」的恐懼。

常見盲點：高估錯誤的破壞力

許多人在心裡誇大了做錯決定的後果，卻低估了錯失機會的代價。結果是既沒有獲得行動帶來的可能收益，也在不知不覺中強化了自己的猶豫模式。

第二部　你以為的自由，其實只是慣性

行動策略：化解怕錯帶來的焦慮

- 將錯誤視為回饋：把錯誤看作學習的過程，而非自我價值的否定。
- 設定行動底線：明確自己能承受的最壞結果，降低恐懼感。
- 練習「先做再修」：在可調整的情境中先行動，再根據結果優化，避免過度預演失敗。
- 衡量錯失成本：在猶豫時同時計算「不選」可能帶來的損失，平衡風險觀點。

當你意識到選擇焦慮的真正來源是怕錯而非選項多，就能用不同的方式面對決策，讓行動變得更輕鬆，也讓自己更願意嘗試新的可能性。

第 5 節　標準不明的選擇，最容易後悔

現象引子：選完才發現自己想要的不一樣

你是否有過選擇後才覺得不滿意，甚至懊悔不已的經驗？回頭想想，問題往往不是選項太差，而是當初做選擇時，自己的標準並不清楚。當判斷依據模糊，結果自然難以讓人真正滿意。

理論解說：決策基準的重要性

心理學研究指出，人們在決策時若缺乏明確的評估基準，

第 9 章　選擇太多，其實是選不下去的主因

容易受到當下情緒、環境暗示或他人意見的影響。這會讓選擇過程更多依賴直覺或短期衝動，而非長期利益與核心價值。

學術連結：目標錯位與選後不滿

行為經濟學的研究顯示，「目標錯位」是選後後悔的重要原因之一。當我們在選擇前沒有確認真正的需求，就可能基於不相關的條件做決策。選擇完成後，當需求與結果不一致時，後悔感便會加倍出現。

生活延伸：從購物到人生抉擇

無論是選一臺車、一份工作，甚至一段感情，如果沒有事先界定自己的優先條件，就容易被華麗的包裝、短期的便利或外部評價影響。事後才發現忽略了自己最看重的部分，例如生活品質、價值觀一致性或長期成長空間。

常見盲點：把「感覺不錯」當成標準

許多人在決策時，只憑一時的好感或印象去判斷，卻忽略了感覺是會變的。一旦環境或情緒改變，當初的「感覺不錯」很快會失效，取而代之的是對選擇的不確定與後悔。

行動策略：讓選擇標準更明確

- 列出 3～5 個核心條件：在選擇前明確寫下自己最在意的因素，並依重要性排序。
- 設定必要條件與加分條件：分清楚哪些是必須具備的，哪些只是額外的好處。

第二部　你以為的自由，其實只是慣性

- 用同一套標準比較選項：避免不同選項用不同評估方式，確保比較公平。
- 檢查與長期目標的一致性：確認選擇能支持你長期的生活與價值方向。

當你在選擇前先釐清標準，不僅能減少後悔的機率，也能在選後更安心，因為你知道自己是依據明確的原則行動，而非一時的衝動或外界的擾動。

第 10 章

你總覺得沒選擇，是因為你放棄了選擇

▎第 1 節　習慣讓人變成困境的飼養員

現象引子：自己困住自己的日常

　　你是否發現，有些生活困境並不是外界強加的，而是你自己養大的？明明知道某個習慣讓自己效率低落、關係惡化，甚至錯過機會，但因為太熟悉、太安全，就一直留著它，像是在照顧一隻危險卻熟悉的寵物。

理論解說：慣性與行為固著

　　心理學指出，人類天生有維持現狀的傾向，這種「現狀偏誤」（Status Quo Bias）讓我們在面對改變時，傾向選擇維持熟悉的模式，即使它已經不再適合或健康。久而久之，習慣成為無形的枷鎖，把我們困在原地。

第二部　你以為的自由，其實只是慣性

學術連結：舒適圈與行動迴避

研究顯示，長時間停留在「舒適圈」會削弱大腦對新刺激的接受度，增加對風險的敏感度。這種心理安全感雖能降低焦慮，卻也讓人失去適應變化與解決問題的能力，最終變成自己困境的維護者。

生活延伸：從小事到人生方向

習慣晚睡卻抱怨早上沒精神、習慣抱怨工作卻不找新機會、習慣依賴他人卻嚮往獨立 —— 這些日常小事背後，都是用習慣餵養困境的過程。雖然它們短期內讓你省力，但長期下來，代價是自由度與成長的流失。

常見盲點：把熟悉誤認為安全

我們常將熟悉感與安全感劃上等號，但熟悉的模式未必安全。它可能只是減少了短期的不適感，卻默默累積長期的風險與損耗。

行動策略：停止餵養你的困境

- 覺察困境來源：記錄生活中讓你停滯的習慣與行為。
- 打破自動模式：為日常流程加入變化，迫使自己跳脫慣性。
- 從低風險改變開始：先嘗試不影響整體穩定的小變化，累積信心。
- 設定替代習慣：用有助成長的新行為取代原本的困境習慣。

第 10 章　你總覺得沒選擇，是因為你放棄了選擇

當你意識到自己是困境的飼養員時，改變就不再只是外界的壓力，而是主動選擇的結果。從停止餵養開始，你會發現自己其實有能力鬆開那些把自己關起來的鎖。

第 2 節　自我設限背後是害怕改變

現象引子：看似謹慎，其實是退縮

很多人以為自己是在理性評估後才不去嘗試新事物，但事實上，這種所謂的「謹慎」往往只是害怕改變的偽裝。你可能告訴自己「時機還不成熟」、「再多觀察一點」，但真正的原因是害怕未知帶來的不適感與風險。

理論解說：不確定性迴避

心理學中的「不確定性迴避」（Uncertainty Avoidance）指的是人類對未知的自然抗拒。我們的大腦傾向於保留熟悉的模式，即使它不理想，也比冒險進入未知領域來得安心。這種傾向會促使我們設定各種看似合理的限制，實際上是在替自己找不改變的理由。

學術連結：自我障礙化行為

研究指出，「自我障礙化」（Self-Handicapping）是人們為了避免失敗帶來的自我威脅，而刻意降低行動的強度或範圍的行

為。這種模式看似保護了自尊，實際上卻剝奪了嘗試與成長的機會。

生活延伸：從職場到生活圈

不敢換工作、拒絕新的社交場合、迴避學習新技能，這些看似保守的選擇，往往是自我設限的結果。雖然表面上你避免了失敗，但同時也關上了通往新機會的大門。

常見盲點：混淆穩定與停滯

很多人把維持現狀當作穩定的象徵，但真正的穩定應該是具備適應變化的能力，而不是一味迴避改變。長期停留在舊模式，只會讓你對變化的耐受力越來越低。

行動策略：鬆開自我設限的繩索

- 辨識限制來源：誠實檢視你的「不能」到底是事實還是藉口。
- 降低改變門檻：把大變化拆成小步驟，逐步累積信心。
- 建立試驗心態：把新挑戰當作實驗，而非成敗的終點判斷。
- 尋找支持系統：與能鼓勵你改變的人建立連結，減少獨自承擔的壓力。

當你開始辨識並拆除自我設限的理由，你會發現改變雖然令人不安，但它同時也是打開更多可能性的大門。

第 3 節　錯誤的目標會讓你一直選不到方向

現象引子：努力很久卻總覺得走錯路

你是否曾經全力以赴去追求一個目標，最後卻發現它並沒有帶來想像中的滿足感？更糟的是，你甚至不確定下一步該往哪走。這種情況往往不是因為不夠努力，而是因為一開始鎖定的目標就不符合真正的需求。

理論解說：目標錯位效應

心理學中的「目標錯位效應」(Goal Misalignment) 指出，如果目標設定與內在需求或核心價值不一致，即使達成，也不會帶來長期的幸福感。相反，它可能讓人陷入不斷換方向卻始終無法滿意的循環。

學術連結：外在驅動與內在動機的落差

自我決定理論 (Self-Determination Theory) 強調，持久的動機來自於內在價值與自主性。如果目標是基於外部壓力或他人期待（例如社會地位、外在認可），那麼即使達成，滿足感也會快速消退，並留下空虛感。

生活延伸：錯誤目標的日常縮影

你可能選擇了一份高薪卻讓你每天痛苦的工作，只因它符合「成功」的社會定義；你可能在一段關係中努力迎合對方的期

待，卻忘了自己的需求。這些都是因為目標的方向一開始就與真正的自我不一致。

常見盲點：把別人的方向當成自己的地圖

很多人未經反思就接受了來自家庭、社會或同儕的標準，將它們當成自己的人生指南。結果是，即便努力達成，也會感到空洞，因為那不是屬於自己的終點。

行動策略：重新校準人生目標

- 回到核心價值：在設定目標前，先釐清自己最在乎什麼。
- 檢查動機來源：分辨這個目標是來自內在渴望還是外部壓力。
- 模擬達成後的生活：想像達成後的日常狀態，確認它是否真能帶來滿足。
- 定期檢視與調整：允許自己在發現不適合時，勇敢地更換方向。

當你的目標與真實自我一致時，你才會在前進的過程中感到踏實，並且更容易找到持久的方向感與成就感。

第 10 章　你總覺得沒選擇，是因為你放棄了選擇

第 4 節　你不是真的無路可走，只是沒勇氣放手

現象引子：卡在中間的掙扎

許多人覺得自己的人生陷入死胡同，無論是工作、感情還是生活環境，都似乎看不到出口。但仔細想想，真的沒有其他可能嗎？還是其實有出口，只是那條路需要你放下某些熟悉卻不再適合的東西？

理論解說：損失厭惡與依附偏誤

行為經濟學中的「損失厭惡」（Loss Aversion）指出，人類對失去的痛苦感受遠比獲得的快樂強烈。這使得我們即使知道某段關係、一份工作或一種生活模式已不適合，仍會因害怕失去而選擇停留。同時，「依附偏誤」（Endowment Effect）會讓我們高估已擁有事物的價值，進一步加深放手的困難。

學術連結：舒適圈與情感投資

心理學研究顯示，當人們對某件事投入大量時間、精力與情感時，即使它不再帶來滿足，也會因「沉沒成本效應」而不願放手。這種心理不僅讓我們錯過更好的選擇，也可能讓我們在不適合的環境中耗盡自己。

第二部　你以為的自由，其實只是慣性

生活延伸：放手的現實阻力

無論是繼續一段早已沒有未來的感情，還是固守一份失去熱情的工作，很多人卡住的原因不是因為沒有選擇，而是因為放手意味著要面對未知、不確定與重新開始的挑戰。這種挑戰讓人恐懼，甚至寧願忍受現狀的痛苦。

常見盲點：把「忍耐」當作美德

我們常被教導要有毅力、要堅持，卻忽略了「堅持錯的事」是一種消耗。真正的勇氣，有時候是承認這條路不再適合自己，並且選擇離開。

行動策略：練習有意識地放手

- 評估留與走的成本：用具體的數字與時間衡量現狀的代價。
- 分段式放手：先從心理上切斷依附，再在行動上逐步離開。
- 設計過渡期計劃：為自己安排下一步的行動藍圖，降低未知的恐懼感。
- 轉換放手的意義：將放手視為替自己創造新機會，而非失敗或放棄。

當你意識到「無路可走」只是因為不願放手時，你就能重新掌握方向，發現其實出口一直都在，只是你需要先鬆開手，才能走過去。

第 10 章　你總覺得沒選擇，是因為你放棄了選擇

第 5 節　每次說「再看看」的你，其實已經默認了現狀

現象引子：拖延背後的真相

我們常在面對選擇時對自己說「再看看」、「再想想」，好像是在爭取更多時間做出最佳決定。但很多時候，這其實是一種變相的停滯，默默將現狀延續下去，直到改變的可能性自然消失。

理論解說：現狀偏誤與行動遲滯

心理學中的「現狀偏誤」（Status Quo Bias）指出，人類天生傾向於維持現有狀態，即便有更好的選項出現，也不願主動改變。這種傾向常與「行動遲滯」（Action Delay）結合，讓我們以觀望為名，實際上是在迴避行動的不適感與風險。

學術連結：決策迴避心理

研究顯示，當決策伴隨高度不確定性時，人們會傾向暫時擱置，並尋求更多資訊或時間。然而，這種延遲在許多情況下並不會帶來更佳的結果，反而讓機會成本增加，甚至錯過最佳時機。

生活延伸：從感情到職場的「再看看」

感情中，你可能因害怕孤單而遲遲不結束一段不合適的關係；職場上，你可能因害怕未知而不敢辭去失去熱情的工作。這些「再看看」的背後，是對現狀的默認與對改變的不安。

第二部　你以為的自由，其實只是慣性

常見盲點：誤以為延遲就是謹慎

很多人將延遲決策合理化，認為多等一點就是更謹慎。然而，若沒有積極蒐集新資訊或設計行動計畫，這種延遲只是讓自己在原地打轉，並默默消耗時間與精力。

行動策略：打破「再看看」的循環

- 設定明確時限：為每個決策設定最後期限，避免無限期延後。
- 定義行動條件：列出能促使你做決定的具體指標，一旦達成就立即行動。
- 衡量延遲成本：思考在觀望期間可能失去的機會與資源。
- 養成小步快跑的習慣：先做小規模的嘗試，降低改變的心理負擔。

當你意識到「再看看」其實是在默認現狀，就能更主動地推動改變，讓自己的人生不再被動拖行，而是由你自己掌舵前進。

第三部
你以為的控制，
其實是被情緒劫持

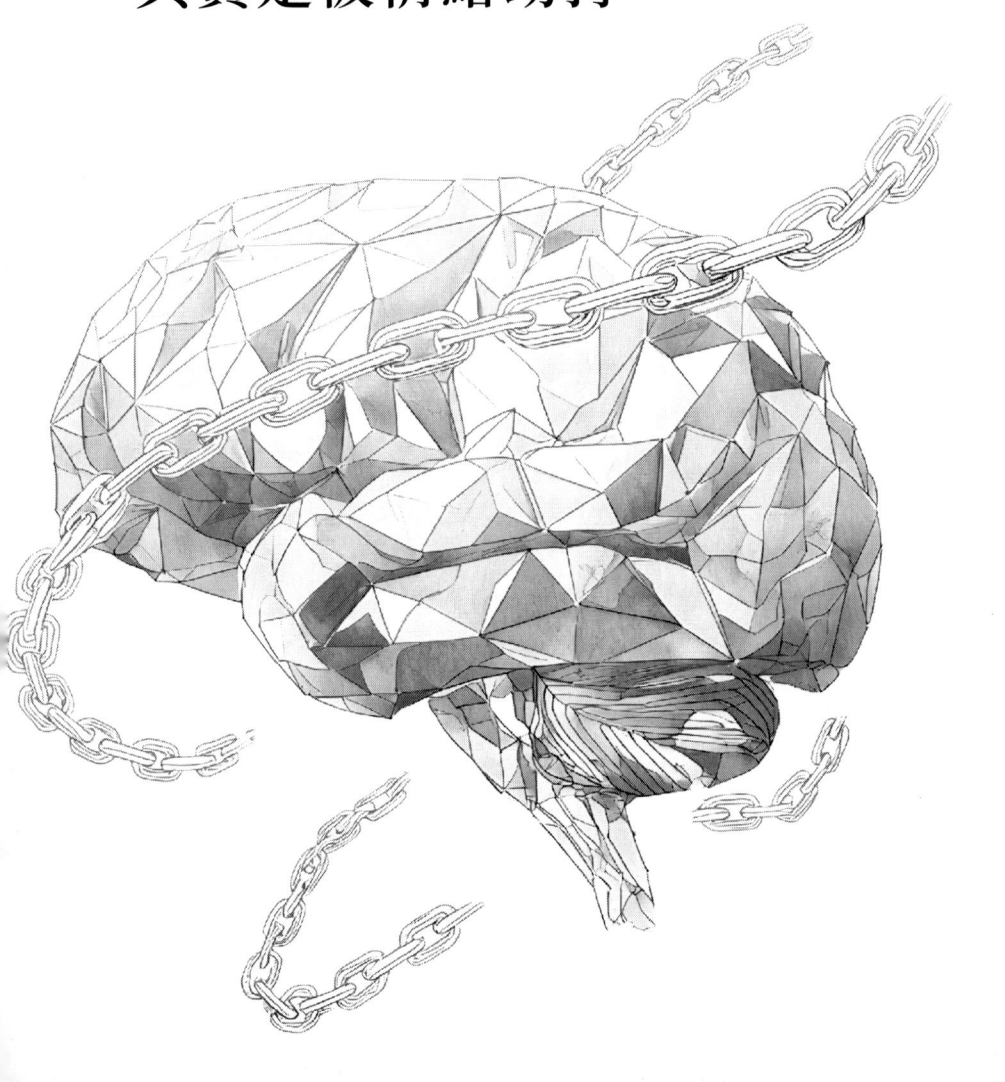

第三部　你以為的控制，其實是被情緒劫持

第 11 章

你沒那麼理性，只是情緒在裝懂

第 1 節　情緒先出手，理智才補臺

現象引子：你以為自己很理性？

很多人相信自己在做決策時是靠理性分析，但事實上，大部分情況下是情緒先出手，理智才在事後找理由支持這個選擇。比如衝動購物後，你會告訴自己「這是因為剛好有折扣」，而不是承認那是一時被情緒牽動的結果。

理論解說：情緒優先原則

神經科學研究發現，大腦處理情緒的區域 —— 杏仁核 —— 會比負責理性判斷的前額葉皮質更快啟動。這意味著，我們對外界刺激的第一反應幾乎都是情緒性的，理性分析往往是事後才介入的補充。

學術連結：情緒決策理論

心理學中的「情緒決策理論」（Affective Decision Theory）指出，情緒不只是影響決策的干擾因素，它本身就是決策的一部

分。情緒能快速評估情境,讓我們在沒有充分資訊時依然能做出反應,但代價是可能忽略長期後果。

生活延伸:從工作到投資的情緒驅動

在職場上,你可能因一時的不滿意而辭職,在投資中,你可能因市場下跌的恐懼而急著賣出股票。這些選擇未必全錯,但如果只是基於情緒而非完整評估,結果往往不穩定,甚至帶來後悔。

常見盲點:把情緒合理化當作理性

我們習慣用理性的語言包裝情緒性的決定,這會讓我們忽略情緒背後的真正需求,也難以從中學習。當情緒主導卻未被看見時,錯誤的決策模式就會一再重演。

行動策略:讓情緒與理性共舞

- 延遲決策:給自己一段緩衝時間,讓情緒波動先下降。
- 情緒標記:在做選擇前,先辨識並命名當下的情緒,例如「焦慮」、「憤怒」或「興奮」。
- 雙軌檢視:同時用情緒與理性的角度檢查決策是否一致。
- 反問真正需求:思考情緒反應背後,你想滿足的是什麼需求。

當你能察覺情緒的先發影響,並在理性介入前為自己創造一個過渡空間,就能讓情緒與理性共同作用,而非互相拉扯,讓決策更穩健。

第 2 節　控制欲越強，情緒越會反撲

現象引子：控制一切的代價

你是否曾試著在每個情境中掌控全局，卻發現越想控制，越容易感到焦慮和失控？表面看似井然有序，內心卻像壓力鍋一樣隨時可能爆發。

理論解說：心理反抗效應

心理學中的「心理反抗理論」（Psychological Reactance Theory）指出，當人們感到自由被限制時，會產生反抗心理，試圖恢復失去的自由。這種效應不只發生在人際互動，也會發生在我們自己的情緒上——過度壓制情緒，會讓它們以更強烈、更失控的方式反撲。

學術連結：情緒壓抑與反彈效應

研究發現，刻意壓抑情緒會增加生理壓力反應，例如心跳加快、血壓升高，並使情緒記憶更加鮮明，反而更難忘記與放下。這就是為什麼你越想不去想一件事，腦中它就越揮之不去。

生活延伸：控制欲在職場與家庭的後果

在職場上，控制欲強的人可能事事親力親為，不敢授權，結果導致疲憊與團隊效率下降；在家庭中，過度掌控會讓關係緊繃，家人反而更抗拒配合。情緒層面上，過度自我監控會讓壓力累積，最終以爆發的形式釋放。

常見盲點：把控制當作安全感

很多人以為控制一切能減少不確定性，實際上卻讓自己成為情緒的俘虜。當控制的焦點從行動變成壓制情感時，你反而失去了調節情緒的彈性。

行動策略：放鬆控制的繩索

- 分辨可控與不可控：將精力放在可影響的範圍，接受不可控的部分。
- 允許情緒存在：學會與情緒共處，而不是立即壓制或否認。
- 練習授權：在生活與工作中，讓他人承擔部分責任，減輕心理負擔。
- 建立情緒出口：透過運動、創作或傾訴，讓情緒有健康的釋放管道。

當你學會放下對一切的過度控制，不僅情緒反撲的頻率會降低，你也會發現生活的彈性與自由度隨之提升。

第 3 節　忍耐不是冷靜，而是壓抑

現象引子：表面平靜，內心風暴

你是否在衝突或不滿時選擇沉默，心想「忍一下就過去了」？表面上看起來冷靜，其實內心早已翻騰不已。許多人誤以為忍耐等於成熟，卻忽略了長期壓抑情緒的副作用。

理論解說：情緒壓抑與心理負擔

心理學研究指出，情緒壓抑（Emotional Suppression）是一種刻意不表達或否認情緒的策略。雖然短期內能避免衝突，但長期會增加焦慮、憂鬱與身體壓力反應，使整體心理健康下降。

學術連結：情緒調節與反彈效應

研究顯示，當情緒被壓抑而非適當表達時，大腦的壓力中樞會持續活躍，導致情緒累積與記憶固化。這會造成「反彈效應」，讓被壓下去的情緒在日後以更強烈的方式爆發，甚至在無關情境中誤傷他人。

生活延伸：從家庭到職場的壓抑模式

在家庭中，你可能選擇對伴侶的不滿隱忍不說，怕破壞和諧；在職場上，你可能對不合理的工作要求默默接受，害怕影響評價。這些看似冷靜的應對，實際上是在慢慢耗損自己的情緒韌性。

常見盲點：混淆克制與壓抑

克制是有意識地管理情緒反應，而壓抑則是把情緒硬塞回心裡不去處理。前者能保護關係並維持理智，後者則會累積壓力、影響健康，甚至讓衝突在未來更加激烈。

行動策略：從壓抑轉向健康表達

◆ 辨識情緒來源：先釐清自己感受到的是什麼情緒，以及背後的觸發原因。

第三部　你以為的控制，其實是被情緒劫持

- 選擇適當時機表達：避免情緒最高點時衝動反應，選擇情緒相對平穩的時刻溝通。
- 使用非攻擊性語言：以「我感覺……」取代「你總是……」，降低對方的防禦心。
- 建立情緒出口：透過運動、藝術創作、寫日記等方式，釋放情緒壓力。

當你停止把忍耐等同於冷靜，學會將情緒以健康的方式釋放與溝通，不僅能減輕心理負擔，也能讓關係更真誠穩固。

第 4 節　情緒勒索從不是別人開始的

現象引子：隱藏在日常的勒索模式

當我們聽到「情緒勒索」時，第一反應通常是想到別人如何用情緒控制我們。然而，更多時候，情緒勒索是從自己開始的——你用恐懼、罪惡感或自我威脅來逼迫自己遵守某種模式，即使它早已讓你不快。

理論解說：內在化的情緒控制

心理學研究指出，人們在長期處於情緒控制的環境中，容易將這套模式內化，並用在自己身上。例如：用「如果我不達成目標，我就一無是處」這種自我語言，實際上就是對自己的情緒勒索。

第 11 章 你沒那麼理性，只是情緒在裝懂

學術連結：自我批評與情緒失衡

研究顯示，高度自我批評的人更容易出現焦慮與憂鬱，因為這種模式會讓人陷入自我懲罰的循環中。這是一種隱性的勒索——透過對自己的否定，迫使自己行動，卻同時消耗了心理資源與自我價值感。

生活延伸：從自律到自縛

你可能以為自己很自律，但如果那份自律建立在恐懼與懲罰之上，它更接近自我綑綁。比如，運動是健康的，但如果你因為少運動一天就罵自己懶惰無用，那麼運動的初衷已經被情緒勒索取代。

常見盲點：把壓迫當作激勵

很多人誤以為嚴苛的自我要求是成功的關鍵，卻忽略了這種模式會削弱內在動機，並在長期中引發情緒倦怠。真正可持續的努力，應該來自自我認同與正向驅動，而非恐懼與壓迫。

行動策略：拆解自我情緒勒索

- 覺察自我語言：記錄自己在壓力下對自己說的話，辨識是否帶有恐嚇或貶低。
- 改用支持性語言：將「我一定要……不然就……」改成「我希望……因為這對我有幫助」。
- 建立正向動機：專注於行動帶來的好處，而非避免懲罰的壓力。

- 練習自我同理:在未達成目標時,允許自己以理解與寬容面對,而非指責。

當你意識到情緒勒索不僅來自外界,也可能是你對自己的日常操作時,你就有機會拆掉這套模式,讓努力不再伴隨恐懼,而是由真正的渴望驅動。

第 5 節　情緒潰堤,其實是長期自我壓抑的副作用

現象引子:一瞬間的爆發,其實醞釀已久

你是否經歷過這種情況:明明只是很小的刺激,卻瞬間讓你情緒崩潰?旁人可能不解,但你自己清楚,那不是單一事件引起的,而是長期壓抑的累積終於突破防線。

理論解說:壓抑的情緒能量

心理學研究指出,情緒壓抑(Emotional Suppression)會讓未處理的情緒以潛在能量的形式留在身心中。這些情緒不會自動消失,而是持續消耗心理資源,直到觸發點出現時集中釋放,形成看似突如其來的潰堤。

學術連結:壓力累積與情緒閾值

研究顯示,每個人的情緒承受閾值有限。當壓力與負面情

第 11 章　你沒那麼理性，只是情緒在裝懂

緒不斷累積且沒有適當釋放，閾值會逐漸降低，讓人更容易在小事件中失控。這種情況在長期高壓或自我壓抑的人群中特別常見。

生活延伸：潰堤背後的生活模式

在職場中，你可能長期忍受不合理的要求卻不表達不滿；在家庭中，你可能為了維持表面和諧而隱忍委屈。這些壓抑讓情緒如同水庫般儲存壓力，直到某個微不足道的事件成為最後一滴水，壩體瞬間崩塌。

常見盲點：把壓抑當成堅強

許多人以為情緒不外露就是成熟與堅強，但這種「不動聲色」往往是在透支心理健康。真正的堅強不是沒有情緒，而是能健康地表達與處理情緒。

行動策略：預防情緒潰堤

- 定期檢測情緒狀態：每天花幾分鐘察覺自己的情緒變化，及早處理累積的壓力。
- 建立情緒出口：用運動、寫作、藝術創作等方式，將情緒轉化成可被消化的形式。
- 學習安全表達：在適當的時機、用非攻擊性的方式表達不滿與需求。
- 尋求支持系統：與信任的人分享壓力與感受，減少獨自承擔的負荷。

第三部　你以為的控制，其實是被情緒劫持

　　當你理解情緒潰堤並非突如其來，而是長期壓抑的必然結果時，就會更重視日常的情緒照護，讓情緒不必等到極限才被看見與釋放。

第 12 章

意志力不是練來的，是管理來的

▎第 1 節　拖延是選擇避免痛苦

現象引子：你真的在等最佳時機嗎？

很多人把拖延解釋為「還沒準備好」或「時機不對」，但更多時候，拖延是一種避免面對痛苦的策略。那個痛苦，可能是對失敗的恐懼、對不確定的焦慮，或是對無趣任務的抗拒。

理論解說：痛苦迴避模型

心理學中的「痛苦迴避模型」（Pain Avoidance Model）指出，人們會優先迴避讓自己感到不適的事物，即便這會延後達成目標的進度。拖延並不等於懶惰，而是我們在下意識中將短期的情緒舒適置於長期利益之上。

學術連結：時間折扣效應

行為經濟學的「時間折扣效應」（Temporal Discounting）顯示，人類傾向高估當下快感、低估未來收益。當任務的好處要很久之後才出現，而痛苦是立刻的，我們就更容易選擇暫時逃避。

第三部　你以為的控制，其實是被情緒劫持

生活延伸：拖延的日常樣貌

在工作中，你可能會先處理簡單的瑣事，而不是那個真正重要的專案；在生活中，你可能選擇滑手機而不去健身房。這些看似小事的延遲，其實是反覆選擇短期舒適而累積的長期代價。

常見盲點：以為拖延是性格問題

許多人將拖延歸咎於自律不足，卻忽略了它背後的情緒機制。當你只盯著「自我控制力不夠」這個表象，就無法解決真正的核心問題：你在逃避什麼感覺？

行動策略：將痛苦轉化為可行的行動

- 拆小任務：把龐大的任務切分成可立即執行的小步驟，降低痛苦感。
- 設定立即回饋：為每個完成的小步驟設計即時的獎勵，增加行動動力。
- 調整環境：移除分心來源，讓行動成本降低。
- 情緒命名與接納：承認自己在逃避，並對這種感覺保持好奇，而非批判。

當你意識到拖延其實是情緒管理問題，而非單純的時間管理，就能更有效地對症下藥，從源頭減少逃避的衝動。

第 2 節　自控力用光就會爆炸

現象引子：一天結束時的意志力崩盤

你是否發現自己早上能抵抗甜食，但晚上卻毫無防禦力？或是在經歷了一整天的工作後，回家就毫不節制地追劇、滑手機？這不是你突然變懶，而是自控力的資源被消耗殆盡。

理論解說：自我耗竭理論

心理學的「自我耗竭理論」（Ego Depletion Theory）認為，自控力是一種有限資源，每一次的自我約束與抑制衝動都會消耗它。當資源不足時，我們更容易屈服於短期享樂，忽略長期目標。

學術連結：決策疲勞

研究顯示，連續做決策會加速自控力消耗，這被稱為「決策疲勞」（Decision Fatigue）。這也是為什麼在一天的尾聲，我們更容易做出衝動的選擇，例如亂花錢、暴飲暴食。

生活延伸：意志力的日常流失

從早上的「要不要運動」、中午的「吃什麼」、下午的「先做哪個專案」，到晚上的「要不要加班」，每一次選擇都在消耗自控資源。如果沒有補充與管理，爆炸式的失控只是時間問題。

常見盲點：把意志力當無限供應

許多人以為只要意志堅定，就能一直維持自控。然而，意志力如同肌肉，需要休息與養分才能持續運作。忽略它的限制，只會讓失控更猛烈。

行動策略：管理而非硬撐

- 減少不必要的選擇：將日常決策自動化，為重要的事保留意志力。
- 分配自控高峰時段：將最需要專注與自律的任務放在一天的前半段。
- 設計補充機制：透過短暫休息、運動或健康零食補充能量。
- 允許適度放鬆：預留時間與空間讓自己享受無壓力的時刻，避免一次性爆發。

當你學會將意志力視為需要管理的資源，而不是無限的毅力，你就能用更少的力氣，達成更多長期穩定的成果。

第 3 節　想太多是反覆決策造成的能量流失

現象引子：腦袋轉個不停卻什麼也沒做

你是否有過這樣的經驗：花了整晚考慮要不要報名一門課、要不要接受一個邀約，最後不僅沒做決定，還感到筋疲力盡？這不是因為你懶，而是因為反覆決策耗光了你的心理能量。

第 12 章　意志力不是練來的，是管理來的

理論解說：決策成本與認知負荷
心理學指出，每一次決策都需要消耗大腦的資源，稱為「認知負荷」(Cognitive Load)。當你不斷在同一個問題上猶豫、反覆推敲時，相當於一再進行小型的決策，累積下來的消耗與一次大型決策相差無幾。

學術連結：反覆思慮效應
研究顯示，「反覆思慮」(Rumination)會讓人陷入思考循環，不僅增加壓力，還會降低執行功能。長期下來，這種能量流失會讓人對其他重要任務的專注力與行動力顯著下降。

生活延伸：過度分析的陷阱
無論是選餐廳、買衣服，還是職涯規劃，過度分析會讓大腦陷入「假動作模式」——不斷演練可能的情境，卻遲遲沒有實際行動。結果是消耗了大量精神，卻毫無實際進展。

常見盲點：以為多想就能想出完美答案
很多人以為，只要想得夠多，就能找到最理想的方案。但現實是，大多數決策都沒有百分之百的最佳解，過度思考只會推遲行動，甚至錯失時機。

行動策略：減少反覆決策的消耗
◆ 設定決策時限：為每個問題設定明確的思考與決定期限。
◆ 限定選項數量：縮小可選範圍，避免在過多選擇中消耗心力。

- 採取「先行動再微調」：用小步試錯的方式降低決策壓力。
- 建立固定標準：針對常見情境制定預設的判斷規則,減少臨時思考的次數。

當你學會控制反覆決策的習慣,就能把原本浪費在想來想去的能量,轉化為推動行動的動力,讓生活更高效、更輕鬆。

第 4 節　時間管理無效,是因為價值混亂

現象引子:行事曆滿滿,成就感卻為零

你是否曾經精心規劃每日行程,把每一小時都排得緊緊的,卻在一天結束時感到空虛或焦慮?問題並不在於時間管理技巧,而是你投入時間的事情,未必和你真正重視的價值相符。

理論解說:價值錯位與優先順序偏差

心理學指出,人類的滿足感與成就感來自於行動與內在價值的一致性。如果日常活動主要是回應外部壓力或他人期待,而不是基於自身價值排序,即使再有效率,也只是在加速脫離自我認同。

學術連結:價值一致理論

研究顯示,「價值一致理論」(Value Congruence Theory)強調,當行為與個人核心價值一致時,人們會感到更有動力與幸

第 12 章　意志力不是練來的，是管理來的

福感；反之，價值混亂會導致動機下降、專注力分散，甚至產生職業倦怠。

生活延伸：效率陷阱

你可能在工作中追求快速完成任務，卻發現那些任務並不重要；或者在生活中為了滿足社交期待，把時間花在應酬上，卻忽略了家人與健康。這些都是「高效率卻低價值」的典型例子。

常見盲點：以為時間用滿就等於善用

許多人誤以為只要把行程排滿、避免浪費時間，就能過得更充實。但如果缺乏價值判斷，即使時間管理再嚴謹，也可能只是忙著完成無關緊要的事情。

行動策略：從價值出發重整時間

- 明確核心價值：花時間寫下自己最在乎的三到五個生活面向。
- 檢視時間花費：追蹤一週的時間分配，檢查與價值的一致性。
- 刪減低價值任務：勇敢拒絕與核心價值無關的事務，即使它們看似緊急。
- 優先高價值行動：每天確保至少有一項行動直接服務於你的核心價值。

當時間分配與核心價值對齊時，時間管理不再只是為了做更多事，而是讓你在有限的時間裡，投入真正值得的事情，獲得更深層的滿足感與成就感。

第 5 節　你不是懶，是不想為不想要的努力

現象引子：動不起來，不代表你沒能力

很多人責怪自己懶惰，卻沒有意識到，真正的原因是那件事並不是你想要的。當任務與你的內在動機或核心價值無關時，大腦就不會啟動足夠的行動能量，你自然提不起勁去做。

理論解說：動機不一致與行動抗拒

心理學指出，人類的行動動力主要來自內在動機，而非外部壓力。如果目標只是迎合他人的期待，或是為了避免批評而被迫接受，它就容易引發「行動抗拒」（Behavioral Resistance），導致看似懶散的行為模式。

學術連結：自我決定理論

「自我決定理論」（Self-Determination Theory）強調，持久的努力必須建立在自主性、勝任感與關聯感之上。缺乏自主性的任務會讓人感到被迫，進而消耗動力，甚至產生心理疲勞。

生活延伸：為什麼有些事能讓你熬夜不累

想想看，當你做的是自己真正喜歡或認同的事時，你可以連續投入數小時甚至熬夜，仍然感到滿足；但當任務只是壓力或責任時，即使只有半小時，也會感到耗竭。這正是動機品質不同的展現。

第 12 章　意志力不是練來的，是管理來的

常見盲點：把不適合的努力當作懶惰的證據

許多人錯誤地將「不願意努力」解讀為懶，卻忽略了努力的方向是否正確。如果方向與需求不符，努力就會變成內耗，而不是成就。

行動策略：找到你願意努力的理由

- 檢視努力的目的：問自己這件事對你有什麼實際意義。
- 重構任務意義：將任務與個人目標連結，賦予它更高的價值感。
- 調整方向：如果目標與價值不符，考慮改變策略或重新設定目標。
- 分辨外在與內在動機：優先選擇能引發內在滿足的任務，減少被迫行動的比例。

當你不再把「提不起勁」歸因於懶惰，而是檢視背後的動機契合度，就能更有效地調整方向，把力氣花在真正想要的地方。

第三部　你以為的控制，其實是被情緒劫持

第 13 章

工作裡的你,是家庭劇本的投影

第 1 節　面對權威的反應,是你童年的重演

現象引子:老闆像極了你爸媽

你是否注意過,自己在職場上面對上司時的反應,和童年面對父母或老師時非常相似?這種熟悉感,並非巧合,而是源於你在成長過程中形塑的權威互動模式,延續到了工作環境中。

理論解說:依附模式與權威互動

心理學中的依附理論指出,人們在童年時期與主要照顧者建立的互動方式,會成為日後面對權威的心理藍圖。無論是順從、反抗,還是迴避,這些行為模式在職場中往往會自動啟動。

學術連結:移情作用

在心理治療領域,「移情」(Transference)是指將過去對重要人物的情感和態度轉移到當下的互動中。職場上的移情作用,會讓你不自覺地把上司視為童年中的權威角色,並依照過往經驗來反應。

第三部　你以為的控制，其實是被情緒劫持

生活延伸：從會議室到家庭餐桌的情緒連線

例如：有些人會在權威面前過度謹慎，害怕出錯，因為這在童年時是避免責罵的生存策略；另一些人則在權威面前強烈反抗，因為那是他們過去面對控制時唯一的自我保護方式。

常見盲點：以為自己是在回應當下

很多人沒有察覺，自己對上司的情緒並非完全來自當下的互動，而是夾帶著舊有的情感包袱。如果不加以分辨，你的反應很可能會失真，甚至影響職場表現與人際關係。

行動策略：拆解權威反應模式

- 辨識情緒來源：當你對權威有強烈情緒時，問自己「這是現在的事，還是以前的感覺在重演？」
- 建立新的互動腳本：刻意嘗試用不同於童年的方式與權威互動，打破自動反應。
- 降低情緒觸發：透過深呼吸或短暫離開，給自己空間分離當下情境與舊有記憶。
- 尋求客觀回饋：請信任的同事或朋友協助觀察，避免陷入舊模式。

當你意識到自己對權威的反應可能是童年的延伸，就能開始建立新的互動方式，讓職場表現更貼近當下的你，而不是被過去的劇本牽動。

第 2 節　上班如演戲，是因為你怕不被接納

現象引子：職場上的「另一個你」

你是否曾覺得，上班時的自己像戴著面具在表演？你小心翼翼地選擇說話方式、控制表情、迎合氛圍，只為了避免突兀或不合群。這種「演戲」並非刻意偽裝，而是一種源於深層恐懼的防禦機制。

理論解說：社會認同需求與角色扮演

心理學指出，人類有強烈的社會認同需求（Need for Belonging），當害怕被拒絕或孤立時，就會不自覺地採用角色扮演的方式，來符合群體期望。這種行為雖然能短期減少衝突，卻會長期消耗心理能量。

學術連結：真實自我與理想自我的落差

研究顯示，當真實自我（Real Self）與理想自我（Ideal Self）差距過大時，會引發自我疏離感（Self-Alienation）。長期在職場中扮演與真實性格不符的角色，會導致疲憊、倦怠，甚至職業倦怠症。

生活延伸：職場中的隱形劇本

有些人在團隊中總是扮演「和平使者」，即使自己心中有不同意見也選擇沉默；有些人刻意營造幽默感，以避免成為攻擊

目標;還有人扮演「永遠正能量」的角色,害怕真實的脆弱被看見。這些角色雖然能保護你,但也可能讓你離自己越來越遠。

常見盲點:以為融入就等於安全

很多人認為,只要融入群體就能獲得安全感,卻忽略了這種安全感是脆弱的。一旦角色崩塌,或是環境不再需要這個角色,你就會陷入強烈的不安與迷失。

行動策略:在真實與適應間找到平衡

- 觀察角色模式:記錄自己在職場中經常扮演的角色與行為模式。
- 測試真實表達:在低風險情境中,嘗試多展現真實想法與感受。
- 建立支持網絡:與能接納真實你的同事或朋友連結,減少表演壓力。
- 降低對接納的過度依賴:將自我價值建立在個人能力與成長上,而非完全依賴他人評價。

當你不再完全依附於職場角色的保護殼,而是逐步讓真實的自己參與其中,你會發現,接納不必靠演戲換來,也能真誠且穩固地存在。

第 13 章　工作裡的你，是家庭劇本的投影

第 3 節　成就感焦慮源自自我價值未穩定

現象引子：再多成就也填不滿的空洞

你是否在達成目標後，短暫感到快樂，卻很快陷入「下一個是什麼？」的焦慮？無論升遷、得獎，還是獲得肯定，喜悅總是稍縱即逝，取而代之的是一種更深層的不安。這種成就感焦慮，其實源於自我價值的根基不穩。

理論解說：外在肯定與內在價值的失衡

心理學指出，當自我價值過度依賴外在評價時，即使獲得再多成就，也難以建立持久的滿足感。這是因為外部的肯定無法替代內在的自我認同，一旦缺乏正向回饋，焦慮感就會迅速回升。

學術連結：條件式自尊

研究顯示，「條件式自尊」（Contingent Self-Esteem）的人，會根據成就或他人的反應來評價自己。一旦失去掌聲或遇到挫折，他們的自我價值感便會大幅下降，甚至陷入自我懷疑與否定。

生活延伸：職場中的無底洞效應

有些人在工作中不斷加碼挑戰自己，希望藉此感到被認可；也有人持續加班、接更多案子，只為了維持「被需要」的感覺。

這種模式看似積極，實則是用成就來暫時填補內在的不安，最終卻讓壓力與焦慮持續累積。

常見盲點：誤將焦慮當作動力

許多人認為焦慮能促進進步，但如果動力完全來自焦慮，長期下來會讓人對目標失去興趣，甚至在成就達成後感到空虛，陷入惡性循環。

行動策略：穩固內在價值感

- 重新定義價值來源：將自我價值與成就脫鉤，重視過程中的學習與成長。
- 練習內在肯定：每天記錄三件與外在評價無關的自我肯定理由。
- 設立非績效目標：除了工作成就，設定情感連結、健康、興趣等多元目標。
- 適度減壓：避免過度追求成果，留出時間給休息與自我探索。

當你不再完全依賴外界的肯定來評價自己，成就感就能從焦慮的枷鎖中解放，轉而成為支持你前進的穩定力量。

第 4 節　你追求升遷，其實是渴望被看見

現象引子：頭銜背後的真正需求

你是否發現，自己在追求升遷時，內心的興奮不只是來自薪資或權力的提升，而是來自於「終於有人看見我的努力」的感覺？對許多人來說，升遷的本質並非職位的變化，而是被肯定與認可的渴望。

理論解說：社會認同需求

心理學中的馬斯洛需求層次理論指出，「尊重需求」是人類的重要驅動力之一。當我們努力爭取升遷時，往往是在尋求外界對我們能力與價值的承認，這種渴望有時甚至比實際的物質回報更強烈。

學術連結：象徵性回報

研究顯示，升遷除了帶來實際利益外，還具有象徵性回報（Symbolic Reward）——它代表你在群體中的地位提升與被認可。這種象徵價值能顯著影響人的自我形象與情感滿足感。

生活延伸：升遷與自我價值的綁定

在職場中，有些人會將升遷視為自我價值的終極驗證，導致在沒有獲得升遷時產生強烈挫敗感。甚至有時，即使升遷帶來更多壓力與責任，也會因為不想失去「被看見」的感覺而咬牙堅持。

常見盲點：將認可外包給職位

許多人忽略了，升遷只是外部認可的一種形式。如果自我價值完全綁定在職位上，一旦環境變化或競爭失利，就容易陷入自我懷疑與焦慮的深淵。

行動策略：讓「被看見」不只來自升遷

- 多元化認可來源：在工作外尋找成就感來源，例如專案成果、同事合作、社會貢獻等。
- 建立持續回饋機制：主動向上司或團隊分享進展，讓貢獻被即時看見。
- 培養內在認可感：透過自我回顧與記錄，確認自己的成長與努力，而不只依賴外界評價。
- 設定長期價值目標：將職業成就與個人使命連結，避免完全依賴職位作為自我價值的衡量標準。

當你理解自己對升遷的渴望其實是對「被看見」的需求時，就能更有意識地在職場內外創造認可感，讓自我價值不再只依附於職位變化。

第 13 章　工作裡的你，是家庭劇本的投影

第 5 節　職場適應障礙的真相是自我混淆

現象引子：環境變了，你卻卡在原地

你是否曾在新環境或新職位中感到無所適從，不知道該用什麼方式面對同事、完成工作？這種職場適應障礙，很多時候不是因為能力不足，而是因為你對自己的角色定位與價值感到混淆。

理論解說：角色衝突與自我混淆

心理學中的「角色衝突」（Role Conflict）指的是，當一個人在不同情境中面對多重角色期待時，可能產生行為上的矛盾與困惑。如果你不清楚自己的核心價值與長期方向，就容易被環境的需求牽著走，失去自我判斷。

學術連結：自我概念的穩定性

研究指出，擁有穩定自我概念（Stable Self-Concept）的人在面對環境變化時，能更快找到新的平衡點。而自我概念模糊的人，則可能因為無法判斷何時該堅持、何時該調整，而陷入長期適應困難。

生活延伸：適應與迷失的分水嶺

有些人在新工作中急於融入，過度模仿周圍人的行為，結果失去了自己的專業特色；另一些人則因過度堅持舊有做法，

無法與團隊協作。真正的適應,不是全盤接受或完全抗拒,而是在保留自我價值的同時,靈活調整方法。

常見盲點:以為適應就是迎合

許多人把適應誤解為無條件配合環境,卻忽略了這會讓自己失去方向。一旦環境改變,你就必須重新塑造一個新角色,這種反覆重建的過程非常耗損心理能量。

行動策略:在適應中保有自我

- 明確自我定位:在進入新環境前,先確定自己的核心價值與專業優勢。
- 設定適應邊界:清楚劃分哪些原則可以調整,哪些價值不可動搖。
- 觀察後再行動:先理解環境運作模式,再決定如何融入與發揮。
- 持續自我檢核:定期反思當下的行為是否符合長期目標與自我認同。

當你能在適應與自我之間找到平衡,就能避免陷入角色混淆的陷阱,讓職場轉變不再是失去自我的威脅,而是拓展自我可能性的契機。

第 14 章

你不是害怕投資，是害怕錯失與後悔

第 1 節　損失厭惡讓你錯過機會

現象引子：害怕失去勝過渴望獲得

你是否曾因為擔心投資會虧錢而選擇不行動，事後卻眼睜睜看著別人獲利？這並非因為你缺乏判斷力，而是人類普遍存在的心理傾向 —— 損失厭惡。

理論解說：損失的心理重量

行為經濟學家丹尼爾‧康納曼（Daniel Kahneman）與阿摩司‧特沃斯基（Amos Tversky）提出的「前景理論」指出，人們對損失的痛苦感受，通常是對等獲利的快樂感的兩倍以上。這意味著，我們更傾向避免損失，而非追求收益，即使理性分析顯示機會值得把握。

學術連結：風險規避與投資行為

研究顯示，損失厭惡會導致投資人過於保守，甚至在有明顯優勢的情況下也不敢入場。這種心理傾向在市場波動時更為明顯，因為負面情緒會放大對損失的感知，進一步抑制行動意願。

生活延伸：錯失機會的連鎖效應

在投資之外，損失厭惡也影響其他重大決策。例如：你可能因為害怕離開穩定但低薪的工作而錯過高成長的機會；或因為擔心社交尷尬而放棄建立新的人脈關係。這些選擇看似安全，但長期可能導致停滯不前。

常見盲點：把不行動當作穩妥

很多人誤以為不行動就不會失去，卻忽略了機會成本的存在。不行動本身也是一種風險，因為你可能因此失去原本可以獲得的收益與成長。

行動策略：降低損失厭惡的影響

- 重新框架風險：將決策的焦點放在長期可能的收益，而非短期的波動。
- 小額試水溫：用可承受的資金進行小規模投資，降低心理壓力。
- 設定可接受的損失範圍：提前界定最大可承受的虧損，減少恐懼感。

第 14 章　你不是害怕投資，是害怕錯失與後悔

◆ 記錄錯失成本：將過去因不行動而失去的機會具體化，提醒自己機會也是資產。

當你意識到損失厭惡是本能反應，而非理性判斷，就能更有意識地調整思考方式，減少因恐懼錯過的機會，讓投資與人生決策更平衡。

第 2 節　從眾效應讓你沒主見

現象引子：人多的地方就安全？

你是否曾在投資或購物時，因為看到大家都在做同一件事，而下意識跟著行動？事後才發現，那並不是對你最有利的選擇。這就是從眾效應在作祟——一種讓人暫時放棄獨立判斷的心理傾向。

理論解說：群體影響力與安全感

心理學指出，從眾效應（Conformity Effect）是人類為了獲得歸屬感與安全感而傾向於採取與群體一致的行為。這種行為在不確定性高的情況下尤其明顯，因為人們會假設「大家不會錯」。

學術連結：社會證據理論

社會心理學家羅伯特·席爾迪尼（Robert Cialdini）提出的「社會證據理論」指出，人們會以他人的行為作為正確性的參考

依據。然而，群體行為並不保證正確，尤其在金融市場中，群體情緒往往會放大泡沫與恐慌。

生活延伸：決策中隱形的代價

從眾效應不只出現在投資市場，也會影響職涯選擇、消費行為，甚至人際互動。例如：跟風進入某個熱門產業，卻忽略自己是否具備相關興趣與能力；或是因為朋友圈都在追求特定生活方式，而被迫消費超出自己能力的商品。

常見盲點：以為人多的地方更安全

許多人忽略了，當大多數人都朝同一個方向行動時，風險反而可能更高。因為群體行為容易形成盲點，缺乏足夠的多樣性來檢驗選擇的合理性。

行動策略：建立獨立判斷力

- 延遲決策：看到群體行為時，給自己時間評估，而不是立刻跟進。
- 檢查數據與邏輯：用事實與分析驗證行動是否合理，而非單純依賴他人行為。
- 設定個人標準：在投資與重大決策中，先制定自己的原則與策略。
- 練習少數派選擇：刻意在低風險情境中嘗試不同於大多數人的行動，以增強獨立性。

第 14 章　你不是害怕投資,是害怕錯失與後悔

當你能辨識並克服從眾效應,就能在嘈雜的群體聲音中保有自己的判斷,不再因人多而盲目行動,讓選擇更貼近真實需求與長期利益。

第 3 節　自信偏誤讓你忽略風險

現象引子:太相信自己,反而掉進陷阱

你是否曾在投資時,因為過去幾次成功的經驗,而對自己的判斷充滿信心,甚至忽略了潛在的風險?自信偏誤會讓人高估自己的能力與知識,低估失敗的可能性。

理論解說:自信偏誤的心理機制

心理學中的自信偏誤(Overconfidence Bias)指的是,人們往往認為自己的判斷比實際更準確,並低估不可預測因素的影響。這種偏誤在經驗累積後特別容易發生,因為成功會強化對自身能力的過度信任。

學術連結:過度樂觀與風險評估

行為財務學研究發現,過度自信的投資人更可能進行高風險交易,因為他們相信自己能準確預測市場走向。這種樂觀偏差可能在短期帶來收益,但長期來看,會增加重大虧損的機率。

生活延伸：從市場到日常的盲點

自信偏誤不只出現在金融領域，也會影響職涯與人際關係。例如：因為過去的成功經驗而忽視新專案的挑戰；或是在關係中太相信自己的判斷，而忽略了他人的感受與需求。

常見盲點：以為信心等於實力

信心固然重要，但當信心沒有建立在完整資訊與謹慎評估上，就可能變成盲目的冒進。許多人在自信的驅動下忽視細節，導致判斷失準。

行動策略：在自信與謹慎間取得平衡

- 檢驗假設：在做出決定前，刻意尋找反對意見與不利證據。
- 記錄決策過程：分析過去的成功與失敗，辨別運氣與能力的比例。
- 設定風險界限：即使很有信心，也要為最壞情況留好退路。
- 持續學習與反思：避免因短期成功而停止更新知識與技能。

當你學會在自信與謹慎之間找到平衡，就能既保有行動的勇氣，又不會被過度樂觀蒙蔽，讓每一步投資與決策更穩健。

第 4 節　你不是不敢投資，是無法承擔犯錯

現象引子：恐懼背後不是風險，而是責任

許多人口中說自己「不敢投資」，但深入一問，才發現他們害怕的並不是投資本身，而是承受犯錯後的心理壓力。這種壓力來自對後果的無法承擔感，以及對自我價值的衝擊。

理論解說：錯誤承擔與自我形象保護

心理學研究顯示，當錯誤直接威脅到個人的自我形象時，人們會採取迴避策略，以降低可能的情緒損害。投資失敗不僅意味著金錢損失，還可能被解讀為能力不足或判斷錯誤，讓人更不願承擔風險。

學術連結：自我威脅理論

自我威脅理論（Self-Threat Theory）指出，人們會迴避那些可能證明自己「不夠好」的情境。投資決策中的錯誤，往往被過度放大為對人格與智慧的質疑，導致人們寧願不嘗試，也不願面對潛在的失敗。

生活延伸：安全邊界與成長限制

例如：有人一直將資金放在低利率存款，並不是因為不懂其他理財方式，而是害怕投資失敗後被家人或朋友質疑。同樣地，在職場上不敢接觸新的專案，往往也是因為不願承擔犯錯的風險。

常見盲點：把「安全」當作恆久狀態

許多人認為避開錯誤就能保護自己，但忽略了這樣也同時避開了學習與成長的機會。長期停留在舒適圈，雖然錯誤減少，但也讓資源與能力的增長停滯。

行動策略：建立健康的犯錯承擔力

- 重塑錯誤觀：將錯誤視為資訊回饋，而非自我價值的否定。
- 從小風險開始：用可承受的金額或時間嘗試新策略，降低心理負擔。
- 分散壓力來源：不要讓單一投資或決策承載全部的成功與失敗感。
- 建立支持系統：尋找能接納你犯錯並提供建設性意見的夥伴或社群。

當你學會承擔犯錯帶來的情緒與結果，投資就不再是心理上的高壓賭局，而會變成一場持續學習與調整的過程。

第 5 節　投資決策中的心理避難所：認知偏誤地圖

現象引子：錯誤也能找到心理安慰？

在投資決策中，很多人並非完全依靠理性分析，而是透過

第 14 章　你不是害怕投資,是害怕錯失與後悔

各種心理偏誤,為自己的選擇找到「合理化」的理由。這些偏誤像是心理避難所,能暫時減輕焦慮,但同時也可能讓你偏離最佳決策。

理論解說:認知偏誤的保護與陷阱

認知偏誤(Cognitive Bias)是大腦在面對資訊過多或壓力過大時,用來快速判斷的心理捷徑。它們能幫助我們在短時間內做出選擇,降低情緒壓力,但代價是可能忽略重要的事實或風險。

學術連結:常見的投資認知偏誤

- 確認偏誤(Confirmation Bias):只尋找支持自己原有觀點的資訊。
- 事後聰明偏誤(Hindsight Bias):事後認為結果是可以預測的,低估風險。
- 過度自信偏誤(Overconfidence Bias):高估自己對市場的理解與掌握能力。
- 沉沒成本謬誤(Sunk Cost Fallacy):因已投入成本而不願止損。

這些偏誤雖然能在短期減少不安,但長期會導致策略僵化與損失累積。

生活延伸：心理避難所的雙面性

投資人可能在市場下跌時，用「反正是長期投資」安慰自己，即使這與原本策略不符；或在錯過投資機會時，用「一定會有更好的時機」說服自己。這些想法雖能減少懊悔感，卻可能讓你忽略檢討與調整的機會。

常見盲點：避難所不是解決方案

心理避難所的功能是讓情緒暫時穩定，但它不能取代真正的策略修正。如果過度依賴偏誤來合理化決策，就會陷入一種「自我保護卻停滯不前」的狀態。

行動策略：繪製你的認知偏誤地圖

- 記錄決策歷程：在投資前後，寫下自己的理由與情緒反應，追蹤偏誤出現的模式。
- 定期檢討策略：邀請可信的第三方檢視你的投資邏輯，避免陷入封閉思考。
- 建立偏誤警示清單：列出自己常出現的偏誤，在重要決策前逐一檢查。
- 情緒與數據並重：用量化數據檢驗直覺，確保情緒不主導判斷。

當你能清楚看見自己的心理避難所與偏誤運作模式，就能保留它們的情緒緩衝功能，同時避免它們成為阻礙成長與獲利的絆腳石。

第 15 章

錢的問題從來不是錢，是你怎麼看自己

第 1 節　財富焦慮與安全感的交換關係

現象引子：錢夠了，心卻還是不安

許多人即使帳戶存款逐年增加，仍然感到焦慮與不安，彷彿永遠都缺一點安全感。這種矛盾的現象，源於金錢與安全感之間的微妙交換關係——你以為自己是在累積財富，實際上是在尋找情緒上的安穩。

理論解說：金錢作為情緒代理

心理學研究指出，金錢除了經濟功能外，還承載著情緒功能。當人們感到生活不可控或對未來充滿不確定時，會將金錢視為安全感的象徵。這種依賴，讓財富不再只是交易工具，而變成情緒的避風港。

學術連結：焦慮驅動的財務行為

行為經濟學中提到，焦慮會改變人的風險偏好。有安全感缺口的人，可能會過度儲蓄、過度規劃，或完全迴避投資。這些行為看似保守謹慎，但本質上是在用金錢控制不可控的情緒。

生活延伸：安全感的無形成本

例如：有人即使資產足以應付十年的生活開銷，仍會因市場小幅波動而焦躁不安；也有人因為害怕未來的變數，寧願不花一分錢在享受生活。這種過度將金錢與安全感綁定的模式，雖然減少了財務風險，卻犧牲了生活的彈性與滿足感。

常見盲點：以為多存一點就能安心

許多人相信，只要錢夠多，安全感自然會到來。但心理學顯示，當安全感完全依附在外在資源上，焦慮只會隨著標的物的變動而起伏，永遠無法真正穩定。

行動策略：在財務與情緒間找到平衡

- 分離財務目標與情緒需求：釐清哪些財務行動是基於理性規劃，哪些只是為了減輕焦慮。
- 建立非金錢的安全來源：透過人際支持、技能提升、健康管理，建立更多安全感基礎。
- 設定「足夠」標準：為自己定義一個明確的財務安全線，避免無止盡地累積。

第 15 章　錢的問題從來不是錢，是你怎麼看自己

◆ 練習情緒獨立：在市場波動或收入變化時，練習用情緒調節技巧，而非立即用金錢調整行動。

當你理解金錢與安全感的交換關係，就能更有意識地規劃財務，不再陷入無止盡的累積與焦慮循環，讓金錢真正服務於生活與心靈的安穩。

第 2 節　你存的不是錢，是對未來的控制感

現象引子：存錢背後的真正動機

很多人以為自己是在為緊急狀況做準備，或是為未來購房、退休存錢。但如果深入探問，就會發現存錢的真正動機，往往不是單純的財務目標，而是希望透過資金累積，對不可知的未來擁有更多掌控感。

理論解說：控制感與心理安全

心理學研究顯示，人類對「控制感」（Sense of Control）的需求極為強烈。當外部環境不可預測時，人們會尋找可以掌握的事物，以降低焦慮。金錢因為可量化、可累積，就成了最直接的控制象徵。

第三部　你以為的控制，其實是被情緒劫持

學術連結：控制感補償理論

控制感補償理論（Control Compensation Theory）指出，當人們在生活某些領域感到無力時，會在其他領域尋求替代性的掌控感。對許多人來說，存錢正是彌補不確定性的一種心理補償方式，即便實際用途未必明確。

生活延伸：從財務到情緒的投射

例如：有人會在工作壓力大或生活變動頻繁時，變得更積極存錢，因為這是少數能立即行動並看到成果的事情；也有人在面臨重大轉折（如搬遷、離職、分手）時，會突然變得節省，藉此獲得穩定感。

常見盲點：把控制感和安全感混為一談

許多人認為只要存夠錢，就能同時擁有安全感與掌控感。但事實上，控制感來自對變化的心理準備，而不僅是資源的多少。如果過度依賴金錢來創造掌控感，一旦市場或收入變動，這種安全感很容易崩塌。

行動策略：讓控制感來源更多元

- 盤點可控範圍：除了財務，列出生活中可自主決定的領域，如健康習慣、技能提升、人際選擇。
- 設定具體情境預案：針對可能的風險情境，建立行動計畫，而不只是單純存錢。

◆ 提升適應能力：學習應對不確定性的技巧，例如情緒調節、快速決策與資源整合能力。
◆ 平衡短期享受與長期儲蓄：在累積控制感的同時，也確保生活中有即時的幸福感來源。

當你意識到自己存錢的背後，其實是在追求對未來的掌控，就能更清楚地調整策略，讓控制感不再只依賴財務數字，而是分散在更多可控的生活面向。

第 3 節　超額儲蓄者與報復性消費者其實一樣焦慮

現象引子：兩種極端，其實同源

你可能以為極端節省和瘋狂消費是兩種完全不同的財務態度，但它們往往來自同一種心理狀態 —— 焦慮。超額儲蓄者透過不斷累積金錢尋求安全感，而報復性消費者則用短期享樂來壓抑不安，兩者本質上都在對抗同一份情緒空洞。

理論解說：焦慮驅動的行為兩極化

心理學指出，當人面臨不確定性或壓力時，會啟動不同的應對策略。對一些人來說，控制資源流出是降低風險的方法；對另一些人來說，即時滿足則是暫時逃避焦慮的途徑。雖然表現形式相反，但背後的心理機制相似 —— 都在尋找情緒安定。

學術連結：情緒調節策略的反向表現

研究顯示，過度儲蓄與過度消費其實是情緒調節的兩端。前者透過「避免」來減少威脅感，後者透過「投入」來轉移注意力。這兩種策略都能短期降低焦慮，但長期會導致財務與心理的不平衡。

生活延伸：兩種極端的代價

超額儲蓄者可能因為過度限制支出而錯失生活品質與人際互動的機會；報復性消費者則可能陷入債務或財務壓力，反而加深焦慮。兩種模式雖然表面對立，但都讓金錢成為情緒的主要出口。

常見盲點：以為行為不同，問題就不同

許多人會批評另一種極端行為而忽略自己模式的問題。事實上，無論是積極存錢還是瘋狂花錢，只要核心動機是焦慮，就都需要檢視並調整。

行動策略：找回情緒與財務的中間點

- 辨識情緒來源：問自己是在解決財務需求，還是在安撫情緒不安。
- 設定彈性財務計畫：在儲蓄與消費間建立比例，確保兩者平衡。
- 尋找非金錢的情緒出口：透過運動、創作、人際連結等方式減壓。

◆ 定期檢視行為動機：反思最近的財務決策，判斷是否受到焦慮驅動。

當你能看穿自己財務行為背後的情緒動力，就能避免陷入兩種極端，找到既能累積資源又能享受生活的健康平衡。

第 4 節　金錢觀來自家庭價值複製

現象引子：你的金錢態度可能不是你選的

你是否想過，自己對金錢的看法，可能早在你有能力賺錢之前就被設定好了？許多人對金錢的態度，源自於童年時從父母、照顧者或家庭環境中耳濡目染而來的價值觀，並在成年後不知不覺地延續下去。

理論解說：價值觀社會化

心理學中的社會化過程（Socialization Process）指出，家庭是塑造金錢觀的第一個也是最重要的環境。父母對金錢的使用、談論方式，以及他們對財富、儲蓄、風險的態度，都會成為孩子潛意識中的行為範本。

學術連結：代際傳遞效應

研究顯示，金錢態度存在明顯的代際傳遞效應（Intergenerational Transmission）。例如：如果父母傾向節儉，孩子更有可

能形成儲蓄型金錢觀；若父母習慣即時消費，孩子則更可能傾向高消費模式。這種影響即使在孩子長大後獨立生活，依舊會持續存在。

生活延伸：從餐桌到銀行帳戶的無形影響

家庭中的對話、爭執或讚賞，會逐漸塑造孩子對金錢的情緒反應。例如：有的家庭將金錢與愛綁在一起，讓孩子認為花錢等於關心；有的家庭則將金錢與壓力綁在一起，使孩子長大後在消費時感到罪惡。

常見盲點：以為成年後就能完全擺脫影響

許多人相信，成為成年人後便能獨立思考與選擇，但潛意識中早已內化的家庭金錢觀，會在面臨壓力或重大決策時自動浮現，默默影響行為與情緒。

行動策略：覺察與重塑金錢觀

- 回顧金錢記憶：回想童年時與金錢有關的對話與事件，辨識影響源頭。
- 分辨適合與不適合的觀念：將家庭傳遞的價值觀與自己的生活現況對照，保留適合的部分，修正不適合的部分。
- 學習多元財務觀：接觸不同背景與經驗的人，拓寬金錢觀的視野。
- 建立屬於自己的金錢信念：根據自身價值與人生目標，重新定義金錢在生活中的角色。

第 15 章　錢的問題從來不是錢，是你怎麼看自己

當你意識到金錢觀可能是從家庭複製而來，就能有意識地挑選並改寫這些價值觀，讓自己的財務行為更符合真實需求與理想生活。

第 5 節　你怕沒錢，其實是怕被拋下

現象引子：金錢焦慮背後的孤立恐懼

許多人以為自己擔心的是資產不足、收入不穩，實際上，他們害怕的是真正陷入經濟困境後，被他人遺棄或忽視。缺錢的焦慮，常常與被拋下的恐懼緊密交織。

理論解說：依附需求與經濟安全感

心理學研究指出，人類天生需要歸屬與支持系統。當財務狀況不穩時，人們會擔心自己失去提供價值與維繫關係的能力，進而觸發被孤立的焦慮。金錢因此成為維繫連結的一種保障符號。

學術連結：社會排斥恐懼

社會心理學中的「社會排斥恐懼」（Fear of Social Exclusion）顯示，人們在擔憂經濟不足時，不僅擔心生活品質下降，更害怕自己失去被接納的資格。在許多文化中，財務穩定與社會地位、關係網絡緊密相關。

生活延伸：金錢與人際的隱形連鎖

例如：有人害怕失業，不只是因為收入中斷，更因為擔心與同儕失去共同話題與活動；也有人在朋友聚會時過度消費，為的是避免顯得「不合群」。這些行為看似與金錢有關，本質上卻是對孤立的防禦。

常見盲點：以為財務穩定就能消除恐懼

許多人努力累積財富，以為這樣就能免於被拋下，但如果根源的依附需求沒有被看見與滿足，即使擁有再多金錢，孤立感仍可能隨時浮現。

行動策略：重建安全感的多重來源

- 建立非金錢的人際價值：透過情感支持、技能分享等方式，強化與他人的連結。
- 覺察人際互動中的金錢角色：分辨哪些互動是基於真實情感，哪些只是金錢維繫的表面關係。
- 強化自我價值感：讓自我認同不完全依附於財務狀況，而是包括品格、能力與人生觀。
- 發展多元支持系統：不將安全感壓在單一圈子或經濟來源上，減少被孤立的風險。

當你意識到對沒錢的恐懼其實是怕被拋下，就能開始從多個面向建立安全感，不再讓金錢成為情感依附的唯一保障。

第四部
你以為可以等，
其實拖延正在吞噬你

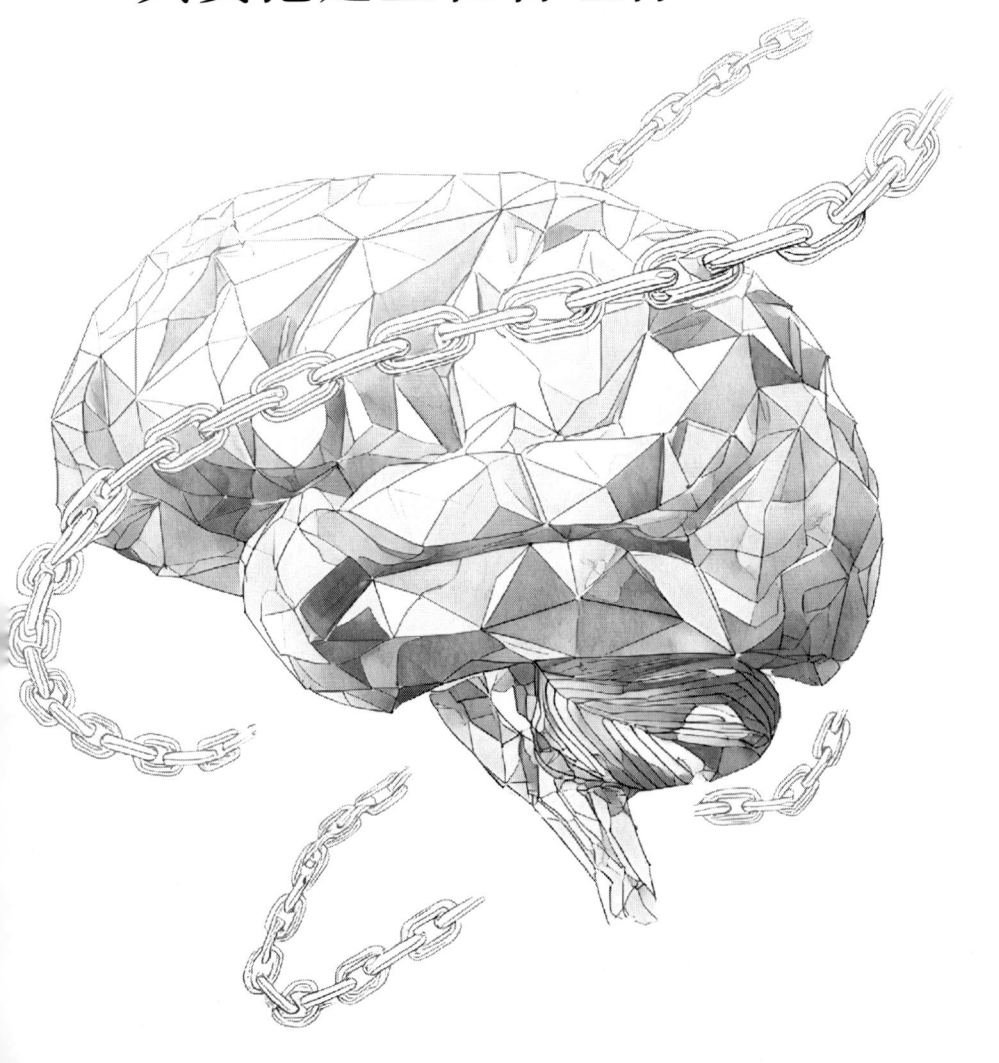

第四部　你以為可以等，其實拖延正在吞噬你

第 16 章

拖延不是時間問題，是選擇恐懼症

▌第 1 節　拖延是你和責任的冷戰狀態

現象引子：你不是不忙，你是在和任務周旋

　　看似「什麼都沒做」的那些下午，你其實做了一場艱苦的心理拉鋸。回訊息、整理桌面、簡報檔開了又關、去倒水……這些零碎動作像是談判桌上的小手勢：你既不宣戰，也不投降，只是持續消耗。很多人會把這種狀態說成「我等一下就開始」，但等的不是時間，而是心裡那個「不想受傷」的自己願意點頭。於是，你和責任之間形成一種冷戰：無聲、漫長、耗能。當夜深人靜，帳單才轉寄到你身上──焦慮加劇、自我否定、對明天更沒把握。

理論解說：拖延是情緒調節，不是時間失序

　　心理學者史提爾（Piers Steel）與派希爾（Tim Pychyl）都指出，拖延更接近「短期情緒修復」：當任務被大腦標記為痛苦、

無聊、失敗風險高,延遲行動就成了立刻可用、成本看似較低的調節法。這不是懶散,而是大腦對威脅的本能回應。再者,當任務被解讀為「自我價值的測驗」,每一次啟動都可能引發自尊震盪,逃避自然成了節能選項。換言之,拖延的核心不是鐘點分配,而是意義詮釋:你怎麼解讀任務,會決定你願不願意靠近它。與其問「怎麼擠出時間」,更該問「這件事對我是什麼」。

學術連結:從時間折扣到未來自我

行為經濟學的時間折扣效應指出,人類傾向高估當下的感覺、低估延後的好處;因此,只要任務的回饋不即時,拖延就容易勝出。同時,赫許菲德(Hal Hershfield)的研究顯示,當「未來的自己」在心理上很模糊時,大腦會把他當陌生人看待 —— 你就更不願替這個「陌生的我」承擔痛苦投資。這也解釋了為何越重要、越長期的任務,反而越被延後:重要帶來風險感,長期拉遠回饋,兩者相乘,就是拖延的完美溫床。

生活延伸:辦公室與家裡的無聲戰爭

在公司,你總是先處理回覆容易的信、整理可見的檔名,因為這些行為能迅速換得「我有在動」的安全感;面對真正關鍵的提案,你卻一再延遲,直到截止日逼近才硬著頭皮衝刺。回到家,你把健身、進修、理財學習排進待辦,但總是在社群滑一圈、影集看一集後「時間不夠了」。這些不是意志力單薄,而是你在每個當下都選了最能減壓的路徑。問題是,當下舒緩累

積成長期代價——體能下降、職涯停滯、財務決策延宕——最後再回過頭指責自己不夠自律。

常見盲點：把冷戰誤當「還沒準備好」

很多人以為再多準備一點、再等靈感來就會動手，但多數時候，我們在等的其實是「可以不痛」的開始。另一個盲點，是把拖延歸咎為性格缺陷（我就是懶）。這種標籤只會讓你更想逃避，因為它把可調節的情緒問題，誤判為不可改變的人格。還有一種偽裝叫完美主義：只接受零失誤的起跑條件，結果永遠無法起跑。完美主義看起來是高標，其實是「不想承受普通與犯錯」的防衛。

行動策略：結束冷戰的六個實作步驟

1. 重新定義任務意義

把「考驗我價值」改寫為「提供證據」——每一次啟動都在為能力建立樣本，而非判決成敗。

2. 先行動再感覺

把情緒調節從「行動之前」移到「行動之中」。規定自己先做五分鐘，讓大腦從威脅模式轉為執行模式。

3. 拆小到荒謬

把任務切成容易荒謬的小步（開檔案、列三點、寫第一段開頭句），讓啟動成本低到幾乎無法拒絕。

4. 設計即時回饋

為每個小步驟安排看得到的進度刻度與微獎勵，抵銷時間折扣的劣勢（如番茄鐘完成四顆就休息十分鐘）。

5. 降低自我威脅

用草稿思維開始，預設第一版必定不完美；以版本疊代取代一次定生死，讓錯誤變成流程的一部分。

6. 將截止日前移

不靠焦慮燃燒自己。設計「軟性截止日」（內部版）與「硬性截止日」（對外版），在軟性截止日前就完成可用版本，留出喘息與修訂空間。

第 2 節　你不是慢，是一直在等更好的自己出現

現象引子：等待「完美我」的幻覺

你可能曾告訴自己：「等我狀態好一點再開始」，結果這個「好一點」總是遙遙無期。早上覺得太累，下午覺得太晚，晚上覺得留到明天會更好。這種等待不是因為時間不夠，而是你心裡建構了一個更理想、更有能力的自己，彷彿只有那個版本才值得面對挑戰。於是，你眼前的自己總被扣上「還不行」的標籤，而真正的行動就一直被擱置在未來。

第 16 章　拖延不是時間問題，是選擇恐懼症

理論解說：自我理想化的陷阱

心理學中的「自我差距理論」指出，當理想自我與現實自我之間差距過大時，人容易感到沮喪與無力。這種落差感會讓你選擇延後行動，因為你想等到狀態更好時再開始，減少失敗的可能性。然而，這樣的等待其實是迴避行為，因為狀態提升往往需要透過行動累積，而不是等候自動出現。

學術連結：成長型思維的切入點

卡蘿・杜維克（Carol Dweck）提出的成長型思維提醒我們，能力並非固定不變，而是透過不斷嘗試與修正而成長。當你等著「更好的自己」來拯救當下，其實忽略了當下的自己正是成長的起點。心理學研究顯示，行動本身能夠強化自我效能感，進而改善表現。換句話說，想等到有信心才開始，不如先開始來建立信心。

生活延伸：日常中的等待藉口

在職場上，有人會因為覺得準備不足而拖延發表提案；在生活中，你可能因為覺得還不夠健康而延遲運動計畫。這些等待看似合理，實際上卻剝奪了你累積經驗與成果的機會。就像等著天氣完全放晴才出門，結果一年到頭都錯過了出行的日子。

行動策略：從當下版本開始

◆ 接受不完美：允許現在的自己帶著不足前進，因為不完美是進步的必要條件。

- 微行動啟動：先完成一個最小可行步驟，為自己建立「已經開始」的心理暗示。
- 聚焦過程而非結果：將注意力放在當下的任務，而不是幻想中的完美結局。
- 定義今天的勝利：每天設定一個可完成的小目標，累積成長的證據。
- 練習自我肯定：對自己完成的小進展給予正面回饋，取代等待理想自我的衝動。

第 3 節　為什麼你老是等「剛剛好」的時機？

現象引子：完美時刻的幻覺

你或許常對自己說：「再等一下，等時機更好再開始。」但這個「更好」從來沒有明確的標準。於是你等的是靈感來襲、情緒飽滿、環境剛剛安靜下來，甚至等別人的態度改變。結果，時間一天天過去，任務還在原地。這種等待，就像盯著天氣預報等「百分之百晴天」才出門旅行，卻忽略了陰天也能帶來美好的風景。

理論解說：完美時機偏誤

行為經濟學中有個概念叫「規劃謬誤」，指人們總是高估未來條件的理想程度，低估行動中會遇到的不確定性。我們相

信未來會有一個最佳起點,卻忽略了這個起點可能永遠不會出現。心理學研究也指出,等待完美時刻的行為,實際上是一種迴避焦慮的策略,因為啟動意味著要面對挑戰與未知,而等待則能暫時減輕這種壓力。

學術連結:即時行動的力量

心理學家菲利普・津巴多(Philip Zimbardo)提到,能夠在不完美條件下行動的人,通常具有較高的心理彈性與行動力。當你採取即時行動時,大腦會在過程中逐步修正策略與步驟,這比在原地等待假設性的「最好時機」更能累積成果。實驗顯示,即使在資源不完整的情況下啟動計畫,也比無限延遲的完美計畫更有機會達成目標。

生活延伸:生活中被時機困住的例子

在工作中,你可能會拖到產品功能「更完整」才願意提案;在生活中,你或許會等經濟狀況「更穩定」才開始進修。這些等待的背後,往往混合了恐懼與不確定感,而這兩者只有透過行動才能被消解。就像有人等到體力最好才去健身,卻忽略了鍛鍊本身才是提升體力的途徑。

行動策略:打破「剛剛好」的幻想

- 設定「可接受起點」:不用等到理想條件,定義一個最低可行的開始標準。

- 採取「先行動再調整」策略：允許過程中修正方向，而非一次到位。
- 把等待轉化為籌備：如果真的需要等，利用這段時間收集資料、練習技能，而不是空等。
- 設時限：為等待設置截止日期，防止自己陷入無限延宕。
- 記錄成果：每一次提早行動的正面結果，都作為打破完美時機幻覺的證據。

第 4 節　拖延者不是懶，而是完美主義者的偽裝

現象引子：高標準下的無形枷鎖

很多人自認拖延是因為「懶」，但真相是，他們對自己的要求高得驚人。你希望第一步就做到最好、一次就不出錯，結果越是高標準，越不敢開始。看似不動，其實是被「必須完美」的信念綁住了手腳。這種心態像是在比賽前就要求自己跑出世界紀錄，一旦覺得達不到，就乾脆不參加比賽。

理論解說：完美主義與行動癱瘓

心理學研究指出，完美主義分為「適應型」與「不適應型」兩種。適應型完美主義者會以高標準激勵自己，而不適應型則因害怕不完美而選擇逃避。後者容易陷入「行動癱瘓」：想像理

第 16 章　拖延不是時間問題，是選擇恐懼症

想結果過於完美，導致任何不確定性都成為阻力。於是，開始前的準備期被無限拉長，甚至永遠停留在規劃階段。

學術連結：失敗恐懼的根源

根據佛萊特（Flett）與休伊特（Hewitt）對完美主義的研究，害怕失敗與害怕被他人評價是導致不適應型完美主義的主要因素。這類人常用拖延作為心理防禦機制，因為只要不開始，就不會有不完美的成品，也不必面對可能的批評。然而，這種保護只是暫時性的，長期下來會侵蝕自信，並加劇對失敗的恐懼。

生活延伸：完美主義的日常陷阱

你可能在職場上反覆修改簡報，直到最後一刻才交出去；在生活中，因為覺得條件不足，而遲遲不敢開始新計畫。這些行為的共通點是——與其讓自己交出「不夠好」的作品，不如先不交，至少能保有「如果我有時間，我會做得更好」的幻想。

行動策略：用「夠好」替代「最好」

- 設定完成標準：在開始前先決定什麼是「可交付的最低標準」，而不是無限拔高。
- 練習快速交付：強迫自己在限定時間內產出初稿，接受它的不完美。
- 將錯誤視為資產：記錄每次失誤帶來的學習，而非當作證明自己不行。

- 降低外部評價壓力：先與安全圈（信任的人）分享成果，減少公開前的焦慮。
- 用疊代思維取代一次到位：讓作品在多次修正中進步，而不是等待一次完成的完美時刻。

第 5 節　討厭開始的你，其實是在逃避失敗

現象引子：起步線上的抗拒感

有些人不是沒有時間，而是一想到要開始，就渾身不自在。你可能會先找一堆零碎事分散注意力，或不斷告訴自己「還不急」。事實上，這種對「開始」的排斥感，多半來自潛在的失敗恐懼。只要不啟動，失敗就還沒發生，幻想中的完美結局依舊存在。

理論解說：啟動焦慮與損失厭惡

心理學上的「損失厭惡」指出，人們對損失的痛苦感受，比獲得的喜悅更強烈。開始行動意味著進入成敗的賽局，一旦有可能輸，我們就會本能地退縮。此外，「啟動焦慮」是另一個因素——第一步通常伴隨著最大的不確定性與心理負擔，所以拖延成了減壓的暫時手段。

第 16 章 拖延不是時間問題，是選擇恐懼症

學術連結：自我價值與行動關聯

心理學家班度拉（Albert Bandura）的自我效能理論指出，行動意願與個人對自己完成任務的信心密切相關。如果你預期自己會失敗，就會透過逃避來保護自尊。這是一種「自我設限」策略——藉由不開始，來確保失敗不會直接反映你的能力不足。

生活延伸：逃避在日常的化身

你可能推遲報名一場比賽，因為怕成績不好；或延遲向主管提案，因為怕被質疑。表面上是「忙不過來」或「還沒準備好」，其實是用其他理由包裝了對失敗的逃避。這些模式如果不被察覺，會逐漸削弱自我信任，讓任何新挑戰都變得難以啟動。

行動策略：降低開始的心理門檻

- 將任務切割到極小：讓開始不再是一大步，而是一個幾乎無法拒絕的簡單動作。
- 預先設定「安全失敗」範圍：在小規模、低風險的情境中測試，降低失敗的心理壓力。
- 將注意力放在過程：把焦點從「如果失敗怎麼辦」轉到「我能從中學到什麼」。
- 建立啟動儀式：透過固定的小動作（如打開檔案、寫一句話）進入行動狀態。
- 記錄並慶祝每次啟動：即使只是開始了，也要讓自己感受到正面回饋，強化行動的動機。

第四部　你以為可以等，其實拖延正在吞噬你

第 17 章

目標混亂，是因為你不知道自己要去哪

第 1 節　設定模糊的目標只會帶來無力感

現象引子：走在沒有終點的路上

想像你踏上一條看似筆直卻沒有任何指標的道路，你會走得越來越慢，甚至懷疑自己是不是走錯了方向。這就是設定模糊目標時的心境——雖然你知道自己該前進，卻因為不知道「終點在哪」而逐漸喪失動力。許多人在計畫初期充滿幹勁，但沒多久就陷入無力感，因為目標模糊讓努力變得沒有明確意義。

理論解說：目標設定與動機的關聯

心理學中的「目標設定理論」指出，明確且具挑戰性的目標更能激發持續的動機。模糊的目標，像是「我要變好」、「我要更成功」，沒有具體衡量標準，會讓大腦難以追蹤進度，進而降低行動意願。沒有具體化的目標，也容易讓人陷入情緒化判斷——當感覺不好時，就以為自己進展不夠，結果更想放棄。

學術連結:可衡量與可達成的重要性

洛克（Locke）與萊瑟姆（Latham）的研究指出,有效的目標需要具備「明確性」與「可衡量性」。當人能清楚辨認成功的樣貌時,大腦會釋放多巴胺,增強對行動的正向回饋。反之,模糊的目標因缺乏成就感,容易讓人覺得付出沒有回報,導致動機快速流失。

生活延伸:模糊目標的日常影響

你可能說「我要開始運動」,但沒有規劃頻率與方式;或說「我要存錢」,卻沒有設定具體金額與期限。這種模糊性會讓你很快回到原本的習慣,因為目標沒有足夠的牽引力。日積月累,你會開始覺得「自己不適合改變」,其實只是因為方向不清晰。

行動策略:讓目標變得清晰有力

- 使用 SMART 原則設定目標:具體（Specific）、可衡量（Measurable）、可達成（Achievable）、相關性高（Relevant）、有時限（Time-bound）。
- 將大目標拆解為小里程碑,確保每一階段都有可見的進展。
- 為每個里程碑設置回饋機制,讓自己持續獲得動力。
- 定期檢視並調整目標,確保方向與自身價值一致。
- 將目標公開或與他人分享,利用外部承諾增加執行力。

第 17 章　目標混亂，是因為你不知道自己要去哪

第 2 節　別人的夢想被你當人生藍圖

現象引子：借來的目標

你是否曾發現，自己追逐的目標其實來自父母的期望、朋友的選擇或社群媒體上的成功模板？這些看似合理又「值得努力」的夢想，常常與你的內心需求並不吻合。當你用別人的藍圖當成自己的方向，可能在初期感覺有動力，但越走越遠，會發現內心空虛，因為這條路並不是為你設計的。

理論解說：外在動機與內在動機的落差

自我決定理論指出，人類行動的動機分為外在與內在。外在動機來自他人的期望與社會評價，內在動機則來自自身興趣與價值認同。當一個目標完全來自外在動機時，即使達成，也可能缺乏滿足感；反之，內在動機驅動的目標更能帶來持久的熱情與成就感。把別人的夢想當作人生方向，等同將控制權交給外界，容易陷入持續的比較與焦慮。

學術連結：價值一致性的重要性

研究顯示，當個人的目標與其核心價值一致時，心理韌性與幸福感都會顯著提升。相反地，若目標與自我價值脫節，即使在外界看來很成功，個人仍可能感到空虛與不滿。這也是為什麼許多人在達成高薪工作或取得頭銜後，仍感到迷惘 —— 因為那不是出於自己真心想要的追求。

生活延伸：現實中的借夢者

你可能因父母的建議而選擇某個專業，卻在工作中感到無聊與無力；或因社交圈的潮流而追求財務目標，但實際上對那種生活並沒有渴望。這些「借來的夢想」不僅消耗時間與精力，還會讓你在過程中忽略真正讓你快樂的事物。

行動策略：找回屬於自己的藍圖

- 自我盤點：列出目前的目標，標記哪些是自己真心想要的，哪些是來自外界影響。
- 價值對照：檢視目標與自身價值觀的契合度，剔除不一致的項目。
- 嘗試性行動：在投入大規模資源前，先用小規模的方式測試新方向的真實感受。
- 減少比較：限制自己接觸會引發不必要比較的環境，專注於自身進展。
- 定期檢討：每隔一段時間重新檢視目標，確保它們仍然源於內心的渴望而非外界的期待。

第 17 章　目標混亂，是因為你不知道自己要去哪

第 3 節　當你沒有定義成功，你就會活在焦慮裡

現象引子：永遠不夠的感覺

你有沒有發現，無論做了多少事，心裡總覺得「還不夠好」？這種持續的焦慮感，多半源於你從未為自己定義過「什麼是成功」。當成功沒有標準，任何成就都顯得模糊，甚至被忽略，你的腦中只剩下下一個必須達到的目標，卻無法感受當下的滿足。

理論解說：成功的相對性

社會比較理論指出，當我們缺乏自我參照的標準時，就會用他人的成就來衡量自己。這種外部比較往往導致焦慮，因為總有人比你更快、更好、更成功。如果沒有明確的個人定義，成功就成了永遠在遠方的幻影，讓人不斷追逐卻無法擁有。

學術連結：自我參照與心理健康

心理學研究顯示，擁有清楚自我參照標準的人，更容易感受到成就感與幸福感。相反地，依賴外部標準的人，容易陷入焦慮與自我懷疑，因為外部評價變化無常，且不一定與個人價值契合。自我參照標準不僅能提供方向，也能成為抵禦負面比較的心理防護牆。

生活延伸：不定義成功的後果

你可能在職場中不斷升遷，卻依舊擔心自己不夠優秀；或在生活中完成許多計畫，卻覺得與別人相比差得遠。這些情況的共通點是，你把評價權交給了外界，卻忽略了自己的認同感和滿意度。

行動策略：寫下屬於你的成功定義

- 明確描述：用具體語言寫下「成功對我而言是什麼」。
- 核對價值觀：確保成功定義與你的核心價值一致。
- 設定可衡量的指標：讓你知道什麼時候已經達成。
- 定期回顧：隨著人生階段變化，適時調整成功的定義。
- 慶祝里程碑：學會對自己的每一步進展給予正向回饋，減少對外部評價的依賴。

第 4 節　目標成癮讓你錯過現在

現象引子：永無止境的追逐

有些人一旦完成一個目標，就立刻投入下一個挑戰，彷彿停下來是一種罪過。你總在追求「下一個更好」，卻很少停下來感受已經擁有的成果與生活。這種不間斷的追逐，讓你一直活在未來，忽略了當下的美好與意義。

第 17 章　目標混亂，是因為你不知道自己要去哪

理論解說：享樂適應與成就空虛

心理學的「享樂適應」理論指出，人們在達成目標後，快樂感會迅速回到基準值，於是需要新的刺激來維持滿足感。當這種機制與高成就動機結合，就容易形成「目標成癮」——你不是真的熱愛目標，而是害怕失去追逐的狀態，甚至以忙碌感作為存在感的來源。

學術連結：當未來導向失衡

菲利普・津巴多（Philip Zimbardo）的時間觀研究顯示，過度的未來導向會犧牲對當下的投入。雖然未來規劃能帶來長期收益，但若忽視當下的情感與經驗，會導致空虛感與人際疏離。長期下來，生活變成一連串檢核清單，而不是一段有溫度的旅程。

生活延伸：不敢停下的焦慮人生

你可能因為忙著衝刺升遷而錯過與家人相處的時光；或為了達到財務目標，把所有休閒與興趣排到未來的「有空再說」。當人生變成連續的目標賽跑，任何停頓都讓你感到不安，於是你更不敢停下來檢視自己真正的感受。

行動策略：學會在路上停下來

◆ 為每個目標設定「慶祝期」：完成後，留出時間享受成果，而不是立刻投入新任務。

- 在計畫中嵌入體驗目標：除了績效目標，也加入「過程享受」的元素，如與重要的人分享進展。
- 限制同時進行的目標數量，確保每一個都有足夠的專注與回饋時間。
- 練習正念：每天花幾分鐘專注於當下的感官與情緒，減少對未來的過度傾斜。
- 記錄當下的價值：用文字、照片或語音，捕捉生活中微小但真實的幸福片刻，提醒自己當下同樣值得珍惜。

第 5 節　沒有方向感，是你從沒學過選擇價值

現象引子：迷路的生活地圖

當你沒有方向感時，生活就像在一座沒有標誌的城市中漫步，不知道哪條路能帶你去想去的地方。你可能每天都很忙，但回過頭才發現，自己只是原地打轉。缺乏方向的根本原因，往往是因為你從未真正釐清過，什麼才是對你最重要的價值。

理論解說：價值選擇是導航系統

心理學中的價值澄清理論強調，明確的價值觀是行動的導航系統。當價值模糊時，即使有許多機會出現在眼前，你也難以判斷該選哪一個。這會導致決策疲勞、拖延，甚至陷入被動

第 17 章　目標混亂，是因為你不知道自己要去哪

隨波逐流。反之，清晰的價值排序能幫助你在多種選項中迅速過濾，聚焦於真正有意義的方向。

學術連結：內在一致性與幸福感

研究發現，當個人的行為與價值觀高度一致時，幸福感與自我效能會顯著提升。價值觀模糊的人，則容易感到不安與迷失，因為生活中的每個選擇都需要額外的能量去比較與評估。價值觀就像指南針，缺少它，任何路看似都行，卻沒有一條路能走得踏實。

生活延伸：方向感缺失的真實影響

你可能接下各種不屬於自己的專案，只因為它們看起來是機會；或者在職涯上不斷更換跑道，卻始終找不到滿足感。生活沒有價值排序，就像在超市裡沒有購物清單，最終推著滿滿的購物車離開，卻發現缺少真正需要的東西。

行動策略：學會選擇與堅持

- 列出十大對你最重要的價值，並依優先順序排序。
- 在做任何重大決策前，檢查是否符合前三項核心價值。
- 刪減不符合價值的承諾與活動，釋放更多時間與精力。
- 與信任的人討論你的價值排序，獲取不同觀點的驗證。
- 每季回顧一次價值觀與方向，確保生活與目標保持一致。

第四部　你以為可以等，其實拖延正在吞噬你

第 18 章

未來感不真實，是大腦預設的生存策略

■ 第 1 節　大腦偏愛當下是演化來的習慣

現象引子：即時獎勵的誘惑

你是否曾經明知道該處理重要的工作，卻忍不住先滑手機、看一集影集或吃點心？這不是你意志薄弱，而是你的大腦天生偏好即時的獎勵。對大腦來說，能馬上帶來快感的事物，比延遲的好處更有吸引力。

理論解說：演化與即時滿足

從演化的角度來看，我們的祖先必須優先滿足眼前的生存需求──飢餓、危險、繁衍，而不是為了數月或數年後的情況做打算。這種即時滿足的傾向，保護了人類在危險環境中存活下來，但在現代社會卻成了拖延與短視行為的根源。

第四部　你以為可以等，其實拖延正在吞噬你

學術連結：即時偏好與延遲折扣

　　心理學與行為經濟學的研究稱這種傾向為「延遲折扣」——當獎勵延後，大腦就會大幅降低對它的價值評估。這也是為什麼明明知道長期投資、健康飲食、規律運動有好處，卻總被當下的舒適感擊敗。即時偏好是大腦的預設模式，除非有意識地干預，否則它會默默牽引你的決策方向。

生活延伸：現代生活中的即時偏好陷阱

　　在工作中，你可能優先回覆簡訊而不是完成報告，因為前者立刻帶來「已處理」的滿足感；在生活中，你可能選擇外送速食而非自己做飯，因為等待烹調的時間顯得漫長。這些選擇雖然短期看似無害，長期卻可能削弱你的專注與耐力。

行動策略：與即時偏好和平共處

- 將長期目標拆解成短期可得的回饋，讓大腦更容易接受。
- 利用「延遲滿足」訓練，例如為自己設定等待十分鐘再享用零食的規則。
- 在重要任務開始前，先移除高誘惑的即時刺激（如關閉通知）。
- 結合正向回饋，讓自己在完成長期任務的階段性成果時得到獎賞。
- 練習正念，提高對當下衝動的覺察，減少被本能牽著走的次數。

第 18 章　未來感不真實，是大腦預設的生存策略

第 2 節　為什麼越重要的事情你越不急著做？

現象引子：重要等於遙遠

你可能發現，越是關鍵、影響深遠的任務，反而越容易被你往後排。相較之下，那些微不足道的小事，你反而立刻處理。這不是因為你不知道輕重，而是因為重要的事情通常回饋延遲、壓力較大、且結果不確定，讓大腦自動降低啟動意願。

理論解說：壓力迴避與心理距離

心理學的「心理距離理論」指出，時間上或結果上越遙遠的目標，會讓人感到抽象與不緊迫。當任務既重要又長期，大腦會把它歸類為「稍後再說」。此外，「壓力迴避」也是原因之一——重要任務伴隨的風險感會刺激杏仁核，使人本能想逃避。

學術連結：任務價值與行動動機

研究顯示，人類行動傾向受「即時價值」驅動，而非「最終價值」。即使最終價值很高，若無法在短期內帶來具體回饋，行動動機就會下降。這解釋了為何我們寧願先完成瑣事，也不願處理長期專案——瑣事能立即結束並獲得成就感，專案卻像無底洞。

第四部　你以為可以等，其實拖延正在吞噬你

生活延伸：日常中的拖延模式

你可能拖延健康檢查，因為身體目前沒有明顯問題；或延後學習新技能，因為工作眼前還能應付。這些行為看似合理，卻讓你錯過了提前預防與長期提升的最佳時機。

行動策略：讓重要的事變得緊迫

- 為長期任務設定短期節點，讓回饋週期縮短。
- 把任務具體化，將抽象的未來轉換成明確的當下步驟。
- 設計外部約束，如公開承諾或與他人合作，增加即時壓力。
- 調整思維，將「現在不做也沒差」轉換成「現在不做就會失去什麼」。
- 用獎勵系統連接長期任務進展與當下的愉悅感，抵銷延遲回饋的劣勢。

第 3 節　未來自我太模糊，現在的你就會放棄他

現象引子：與陌生人的交易

你有沒有想過，為什麼為「未來的自己」做事總是那麼難？這是因為在心理上，我們常把未來的自己當成一個模糊的陌生人。就像要你為一個不熟的人存錢、健身、努力工作，動力自然會減弱，因為那個人並不真實存在於你的當下感受中。

第 18 章　未來感不真實,是大腦預設的生存策略

理論解說:未來自我的心理距離

心理學家赫許菲德(Hal Hershfield)的研究發現,當人們在腦中想像未來的自己時,大腦啟動的區域與想像陌生人時相同。換句話說,如果未來的自己缺乏細節與真實感,我們會下意識地將他的利益排在當下需求之後,這直接影響了長期計畫的執行力。

學術連結:自我連結與行為堅持

研究顯示,與未來自我連結度高的人,更可能為長期利益做出自律行為,如儲蓄、健康管理與技能學習。反之,連結度低的人則傾向放棄或延遲這些行動,因為他們感覺不到直接的回報與關聯。

生活延伸:模糊未來的日常代價

你可能知道退休後需要資金,卻總覺得那是遙遠的事;或者明白健康是長壽的基礎,卻不願意今天花時間運動。這些選擇的共通點是 —— 未來的自己不夠真實,於是你更願意滿足眼前的需求。

行動策略:讓未來的自己變清晰

- 視覺化未來:用具體的影像或文字描述五年、十年後的自己,包括外貌、生活狀態與情感狀況。
- 定期與未來自我「對話」:透過寫信或錄音的方式,與未來的自己交流,增加情感連結。

- 將長期目標轉換為當下任務,建立每天可執行的步驟。
- 追蹤進展並對未來的自己負責:定期檢查行動是否對得起那個版本的你。
- 創造「未來回饋」:為每個長期投資設計可見的中途成果,讓自己在過程中感到收穫。

第 4 節　時間折扣效應怎麼讓你一直選錯

現象引子:小確幸與大獎的抉擇

假設有人給你兩個選擇——現在立刻拿到 1,000 元,或是一個月後拿到 1,500 元,多數人會選擇前者。這種偏好看似不合邏輯,卻是大腦的自然傾向。時間折扣效應讓我們更看重當下的獎勵,而忽視未來更大的回報。

理論解說:延遲回報的心理折扣

時間折扣效應是行為經濟學的重要概念,指的是人們會隨著時間延遲而降低對獎勵的主觀價值評估。當回報需要等待,耐心與自制力就會受到考驗,大腦會傾向於選擇立即的滿足。這是演化留下的生存策略,但在現代環境中,可能導致財務規劃、健康管理與長期目標的反覆失敗。

第 18 章　未來感不真實，是大腦預設的生存策略

學術連結：衝動選擇與自我控制

研究顯示，時間折扣率高的人更容易做出衝動消費、忽略長期規劃，並且在面對誘惑時較難維持自我控制。而透過訓練延遲滿足的能力，可以有效降低折扣率，提升長期行動的堅持度。

生活延伸：日常中的時間折扣陷阱

你可能因為打折促銷而花掉本來要存下來的錢；或是選擇今晚熬夜追劇，而放棄明天精神飽滿的狀態。這些都是時間折扣在作祟，讓你一再用短期的舒適換掉長期的價值。

行動策略：降低時間折扣的影響

- 把長期獎勵切成短期回饋，讓每一步都有可見的好處。
- 使用「未來視覺化」技巧，增加未來回報的真實感。
- 為重要的長期目標設立外部約束，例如簽訂合約或找責任夥伴。
- 訓練延遲滿足，從小額、短期的等待開始練習。
- 記錄每一次選擇長期利益而非即時享樂的經驗，強化自我效能感。

第 5 節　要養成長期主義，得先看見未來的自己

現象引子：看不見的投資對象

很多人知道要為未來做準備，卻總是中途放棄。原因之一，是他們無法真實地「看見」那個努力的成果屬於誰──未來的自己對他們來說只是模糊的影子。當你無法和那個人建立情感連結時，為他付出的每一步都顯得抽象而乏力。

理論解說：未來可視化與行動力

心理學研究顯示，未來自我的具體化程度，直接影響行動的持久性。當我們能用生動的細節描繪未來的自己──他的外貌、生活狀態、情感品質──我們的大腦就會將他視為當下的一部分，並更願意為他投入資源。這是養成長期主義的第一步，也是讓延遲回報變得可接受的關鍵。

學術連結：長期導向與幸福感

研究指出，長期導向的人在財務、健康、人際關係上表現更佳，且擁有較高的幸福感。這是因為他們的日常行為與長期目標高度一致，減少了價值衝突與決策疲勞。而培養長期主義的核心策略之一，就是強化與未來自我的情感連結，讓「他」不再是陌生人。

第 18 章　未來感不真實，是大腦預設的生存策略

生活延伸：看得見的未來才有吸引力

你可能曾因為看到別人退休後的理想生活，而燃起存錢的動力；或是看過老年時依然健康活躍的榜樣，而願意開始運動。這些例子證明，一旦未來被具體化，它就能成為驅動當下行動的強大力量。

行動策略：讓未來自己走進現在

- 製作未來自我檔案：包含照片、生活描述、居住環境與日常行程。
- 設計「未來回顧」：想像多年後的自己回顧今天，會感謝或後悔哪些選擇。
- 在日常中擺放未來目標的具體提醒物，例如旅行目的地照片、理想健康狀態的象徵物。
- 將長期計畫與短期行動直接連結，例如每次運動時提醒自己「這是為了五年後的健康」。
- 定期更新未來自我形象，隨著目標進展，讓那個人保持真實且鮮活。

第四部　你以為可以等，其實拖延正在吞噬你

第 19 章

你不是沒時間，是選擇在逃避真相

▋第 1 節　時間管理其實是情緒管理

現象引子：不是沒時間，是不想面對

許多人抱怨自己時間不夠，但真相往往是，他們用忙碌掩蓋了不想面對的情緒。你可能會安排滿滿的行程，卻始終避開那件真正重要的事，因為它帶來的焦慮、不安或害怕失敗的感覺，比缺時間更讓人難受。

理論解說：情緒決定行動順序

心理學研究顯示，我們對任務的排序，並非完全基於重要性，而是受到情緒驅動。人傾向先做讓自己感覺輕鬆或能快速獲得成就感的事，而把會引發壓力或不適的任務推遲。這意味著，有效的時間管理並不是塞更多任務進行程，而是先處理情緒反應。

學術連結：情緒調節與自我控制

根據情緒調節理論，能夠辨識並調整情緒的人，更容易維持專注並完成長期任務。當我們忽略情緒層面的影響時，就會陷入「看似忙碌但沒有實質進展」的陷阱。反之，先解決情緒阻力，再啟動任務，效率會顯著提高。

生活延伸：情緒管理的缺席

在職場上，你可能明知該先完成報告，卻選擇整理桌面；在生活中，你或許明知道要運動，但總找藉口先刷社群媒體。這些行為背後，隱藏的是對壓力、無力感或不確定性的迴避，而不是單純的拖延。

行動策略：用情緒管理取代時間焦慮

- 先覺察情緒：在拖延前，問自己「我在逃避什麼感覺？」
- 分解情緒負擔：將大任務切割成能減少壓力的小步驟。
- 安排情緒緩衝時間：在高壓任務前安排短暫的放鬆活動。
- 用情緒標籤管理行程：標注每個任務可能帶來的情緒反應，提前準備因應策略。
- 練習自我對話：用支持而非批評的語氣鼓勵自己啟動行動。

第 2 節　列清單不會讓你行動，面對情緒才會

現象引子：計畫滿分，行動零分

你是否曾經花了半天時間列出待辦清單，卻在一天結束時發現只完成了最簡單的幾項？清單能帶來掌控感，但它本身不會驅動你行動。真正阻礙你完成任務的，往往不是缺乏計畫，而是清單上那些項目所引發的情緒壓力。

理論解說：行動癱瘓的情緒根源

心理學研究顯示，當任務引發焦慮、害怕失敗或不確定感時，大腦會自動傾向於迴避行為。列清單雖然能短暫減輕這種焦慮，因為它給了我們「已經做了一點準備」的錯覺，但如果沒有處理情緒阻力，我們仍然不會跨出第一步。

學術連結：情緒驅動的決策模式

根據情緒驅動的決策理論，我們的行為優先順序並不完全取決於理性判斷，而是受到當下情緒的深刻影響。當任務在情緒上被標記為「高壓」或「高風險」，即使它在清單中被標為優先，也可能被你不自覺地往後拖。

生活延伸：清單作為心理安慰劑

你可能會在清單上加上已經完成的瑣事，只為了獲得劃掉的快感；或是不斷重寫清單，卻始終不敢面對那些真正重要卻讓你緊張的項目。清單變成了心理安慰劑，而不是行動的引擎。

行動策略：讓清單變成行動觸發器

- 在清單中標注情緒狀態，辨識哪些項目因情緒而被拖延。
- 將引發壓力的任務切割成極小步驟，降低啟動門檻。
- 每天先完成一項最抗拒的任務，建立心理勝利感。
- 在清單中加入「情緒準備時間」，先調整狀態再執行任務。
- 用自我獎勵系統，將完成情緒高壓任務與即時正向回饋連結起來。

第 3 節　分心的背後是抗拒，而不是懶散

現象引子：無意識的逃離

你是否有過明明打算專心做一件事，卻不知不覺滑起手機、整理桌面、甚至開始回覆毫不緊急的訊息？許多人以為這是懶散或缺乏自律，但其實，這種分心往往是一種心理上的抗拒，是對即將面對的任務所帶來的不適感的逃避反應。

理論解說：抗拒的情緒功能

心理學研究指出，分心行為是一種情緒調節策略，用來暫時減輕壓力、焦慮或自我懷疑。當任務被感知為困難、模糊或高風險時，大腦會啟動迴避系統，驅使我們尋找較輕鬆或即時愉快的活動，來暫時逃離壓力源。

第 19 章　你不是沒時間，是選擇在逃避真相

學術連結：任務抗拒與注意力轉移

根據鮑邁斯特（Baumeister）與希瑟頓（Heatherton）的自我控制理論，分心的行為本質上是注意力轉移的一種，目的並非偷懶，而是降低內在的情緒張力。抗拒越強，分心的可能性就越高，而這會形成一個惡性循環──分心雖然暫時減壓，但會延長任務壓力的存在時間。

生活延伸：日常中的抗拒模式

你可能會在重要簡報前，不自覺地花大量時間美化字型和排版，而忽略核心內容；或是在需要做出艱難決定時，突然開始整理電腦檔案。這些行為表面上看似忙碌，實際上是避開真正的挑戰。

行動策略：化解抗拒而非壓制分心

- 覺察抗拒訊號：留意自己在開始任務前的逃避行為，並標記出背後的情緒。
- 降低心理負擔：將任務拆解成小到無法拒絕的步驟，降低抗拒感。
- 使用「十分鐘法則」：先承諾自己只專注十分鐘，降低啟動壓力。
- 調整任務意義：將任務與個人價值或長期目標連結，提升內在動機。

- 允許短暫分心作為獎勵,而非迴避的起點,讓分心變成策略性休息。

第 4 節 「我很忙」常是你不想面對的遮羞布

現象引子:忙碌的假象

你是否經常告訴別人「我很忙」,甚至連自己也這麼說?忙碌聽起來像是效率的象徵,但有時它更像是一層保護膜,遮掩著我們不想直視的事實。當某件事讓我們感到恐懼、不確定或尷尬時,「我很忙」就成了最方便的理由,既能避免承擔壓力,又能獲得理解甚至讚賞。

理論解說:逃避型忙碌

心理學上的逃避型行為,常常透過「看似合理的藉口」來運作。忙碌就是一種社會上被接受的逃避方式,它能掩蓋我們對不確定性、失敗或情緒衝突的恐懼。透過不斷填滿行程,我們不必面對那些需要深度思考或情感投入的挑戰。

學術連結:假性生產力與心理防衛

研究指出,假性生產力會帶來短暫的滿足感,因為我們感覺自己在「做事」,即使這些事與真正的優先目標無關。這種心理防衛機制短期能減壓,卻會在長期內耗盡資源,使重要任務不斷被延後,進而引發更大的壓力與焦慮。

第 19 章　你不是沒時間，是選擇在逃避真相

生活延伸：忙碌掩蓋的真相

你可能在繁忙的會議、郵件與瑣事中感到充實，但其實是在逃避一次艱難的對話、一次關鍵的決策，或是一個可能挑戰自我價值的計畫。忙碌成了一面鏡子，反映的是我們害怕承認的心理弱點。

行動策略：拆穿自己的忙碌藉口

- 寫下每天的任務，標注哪些是真正推進長期目標的工作。
- 當你說出「我很忙」時，停下來問自己：我在忙什麼？這件事重要嗎？
- 每週留出「空白時間」，專門用來處理那些你一直避開的事情。
- 將重大任務與日常例行事務混合安排，避免被瑣事占滿整天。
- 建立自我誠實的習慣，定期檢查自己的忙碌是否真有價值。

第 5 節　真正有效的行動來自價值清楚

現象引子：方向比速度更重要

你可能努力讓自己更高效、更快完成任務，卻發現做得越多，心中越空虛。原因很可能是，你的行動沒有與核心價值對齊。當我們不確定什麼對自己最重要時，即使忙得團團轉，也只是繞圈子，沒有真正推進人生的關鍵方向。

理論解說：價值驅動的行動力

心理學中的價值澄清理論指出，清楚的價值觀能為決策提供穩定依據，減少猶豫與分心。當我們依循價值行動時，不僅效率會提升，滿足感也會加倍。反之，如果行動與價值脫節，即使達成了短期目標，也容易感到空虛或後悔。

學術連結：內在一致性與幸福感

研究顯示，行動與價值高度一致的人，幸福感、韌性與自我效能顯著高於其他人。這是因為價值清楚的人，在面對選擇時更能快速過濾不必要的事務，把有限的時間與精力集中在真正重要的地方。

生活延伸：價值模糊的代價

你可能同時接下許多專案，只因它們看起來是「好機會」，卻忽略了自己真正想投入的領域。長期下來，這種分散會讓你疲憊不堪，卻看不到實質進展。清楚價值的行動，反而能少做事卻更有成果。

行動策略：讓行動與價值對齊

- 列出你最重要的五個價值，並為它們排序。
- 在每次決策時檢查：這件事是否符合前三項價值？
- 將日常任務與價值連結，讓每一項工作都能回應你的核心方向。

第 19 章　你不是沒時間，是選擇在逃避真相

◆ 定期檢視行動成果，確保它們正推進你重視的生活目標。
◆ 學會拒絕與價值無關的事務，為真正重要的行動騰出時間與精力。

第四部　你以為可以等，其實拖延正在吞噬你

第 20 章

為什麼你總在最後一刻才發狠衝刺？

第 1 節　截止日是最好的動機，還是最差的催命符？

現象引子：臨時衝刺的雙面刃

你可能曾經在最後期限前一晚，突然爆發驚人的專注力與產能，把拖了數週的工作一次完成。截止日像是緊急開關，能瞬間點燃你的行動力。但同時，這種「最後一刻的奇蹟」也可能是高壓與焦慮的溫床，長期下來耗損健康與心理韌性。

理論解說：截止日效應與行為驅動

心理學中的「截止日效應」(Deadline Effect) 指出，當任務接近最後期限時，時間壓力會提升專注度與決策速度，並促使我們排除干擾。然而，這種驅動力並不穩定，且常伴隨高壓情緒反應。短期內，它確實能提高產出，但若長期依賴，可能導致慢性壓力與創造力下降。

學術連結：壓力曲線與最佳表現

根據耶基斯－多德森定律（Yerkes-Dodson law），壓力與表現之間呈現倒 U 型曲線——適度壓力能激發最佳表現，但過度壓力則會讓表現急速下滑。截止日帶來的壓力常超過最佳區間，讓人陷入倉促應付、錯誤率上升與情緒耗竭的循環。

生活延伸：截止日的雙重影響

在工作中，你或許會因截止日逼近而一口氣完成專案，但同時感到筋疲力盡；在生活中，你可能因活動日期逼近而連夜準備，卻失去了享受過程的餘裕。截止日既是推動力，也是壓榨力，關鍵在於你如何與它相處。

行動策略：善用截止日而非被截止日綁架

- 提前設定「假截止日」，讓自己在正式截止日前完成主要內容，保留修正時間。
- 拆分任務成多個階段性截止日，降低單次壓力峰值。
- 練習在無壓力時進行深度工作，減少對截止日的依賴。
- 將截止日視為檢查點，而非唯一啟動行動的觸發器。
- 在截止日過後安排恢復期，防止身心長期處於過勞狀態。

第 2 節　慣性壓縮時間讓你以焦慮為燃料

現象引子：習慣性逼近極限

有些人即使有充裕的時間，也會下意識地把工作推到最後一刻才開始，像是刻意將時間壓縮成一條緊繃的繩索。這種習慣讓他們感覺更專注、更有效率，但背後其實是用焦慮感作為行動的燃料。

理論解說：時間壓縮的心理快感

心理學研究顯示，緊迫感能刺激腎上腺素分泌，讓人進入高度警覺與專注狀態，短時間內提升反應速度與產出。但這種快感容易讓人誤以為「我就是在壓力下才能發揮最好」，進而形成依賴模式。長期下來，這種模式會讓大腦把焦慮與行動綁在一起，缺少壓力時反而提不起勁。

學術連結：壓力依賴與表現波動

研究指出，習慣性壓縮時間的人，在無壓環境下的表現往往低於平均水準，因為他們缺乏在平穩狀態中啟動行動的策略。這種「壓力依賴症」會讓行動力變得不可持續，且焦慮水準長期居高不下，增加倦怠與健康風險。

生活延伸：焦慮燃料的隱性成本

你可能在專案截止前兩天爆發產能，但整個過程中伴隨失眠、飲食不規律與情緒波動。雖然結果看似完成任務，代價卻

是健康與情緒的持續透支。更糟的是,這種模式會讓你無法在低壓狀態下穩定表現。

行動策略:戒掉「焦慮驅動」的工作習慣

- 在專案初期就設定小規模挑戰,製造適度推進的節奏感。
- 將大型任務拆解成多個早期截止點,避免一次性積壓壓力。
- 記錄焦慮狀態下與平穩狀態下的成果差異,重新評估壓力與表現的關係。
- 練習在低壓環境下啟動行動,例如透過番茄鐘或專注時段建立節奏。
- 將完成任務的成就感與低焦慮的過程綁定,逐漸取代高壓依賴。

第 3 節　衝刺完的虛脫感,是自我價值的耗竭

現象引子:完成後的空洞

你是否經歷過在截止日前全力衝刺,交出成果後卻感到一陣空虛與疲憊?不僅身體透支,連情緒與動力都像被掏空。這種虛脫感不只是因為體力耗盡,更是自我價值在過度消耗中的反應。

第20章　為什麼你總在最後一刻才發狠衝刺？

理論解說：績效綁定的自我評價

心理學研究指出，當自我價值過度依賴工作成果時，每次衝刺就像是在「消耗自我價值資本」。在緊急狀態下完成任務，雖然會帶來短暫的成就感，但一旦結束，沒有持續的價值支撐，就容易陷入情緒低谷。

學術連結：情緒耗竭與動機波動

情緒耗竭（Emotional Exhaustion）是倦怠症候群的核心特徵之一。研究顯示，長期依賴高壓衝刺模式的人，情緒耗竭的風險顯著增加。他們在任務完成後的低潮期往往拖得更久，因為大腦需要時間從高度警覺狀態中回復。

生活延伸：從興奮到空白的過渡

你可能在交完報告後，陷入長時間的低效率期，甚至開始質疑自己「下一次還能不能做到」。這種情況在創意產業、專案工作或高壓職場中特別常見——我們用盡全力達到一個目標，但沒有為恢復與重建能量預留空間。

行動策略：避免自我價值透支

◆ 不將所有自我價值綁在單一任務成果上，分散自我肯定來源。
◆ 在高壓任務中安排小休息點，減少一次性耗盡的風險。
◆ 完成任務後，主動安排恢復期，包括休息與低壓活動。

- 用長期目標支撐短期衝刺,讓行動有更深層的意義。
- 學會在過程中累積價值,而不是只在結束時尋求認同感。

第 4 節　高壓產能不是效率,是你習慣了自虐

現象引子:效率的假象

許多人誤以為自己在高壓環境下表現最佳,因為壓力能迫使他們專注並完成大量工作。然而,這種表面上的高效,其實是以身心健康為代價的自我消耗。長期依賴高壓來驅動行動,並不代表效率高,而是形成了一種「壓力依賴型工作模式」。

理論解說:壓力與行動的錯誤連結

心理學研究發現,當壓力與產出長期綁定,大腦會逐漸認定「沒有壓力就沒有動力」。這種條件反射雖能在短時間內催生高產能,但它會抑制在低壓狀態下的自發性與創造力,讓人失去穩定而可持續的工作節奏。

學術連結:慢性壓力與認知耗損

慢性壓力會損害前額葉皮質的功能,影響決策、記憶與專注力。雖然短期壓力可能促進表現,但長期的高壓環境會讓大腦處於持續警戒狀態,導致創意下降、情緒不穩與身體健康問題。這意味著「高壓等於高效」的觀念,長遠來看是錯誤的。

第 20 章　為什麼你總在最後一刻才發狠衝刺？

生活延伸：自虐型工作習慣的日常

你可能習慣把所有工作壓到最後，逼自己在焦慮中完成任務；或在明明可以提早準備的情況下，選擇等到壓力極大時才開始。這種模式雖然短期看似成功，但長期會讓你陷入過勞與倦怠的循環。

行動策略：建立低壓高效的節奏

- 在低壓時段練習深度工作，培養不依賴壓力的專注能力。
- 用小規模挑戰取代極端截止日，讓動力來源更多元化。
- 為專案設定多個中途檢查點，避免一次性壓縮到最後。
- 在工作中融入休息與恢復時間，防止持續過載。
- 重新定義效率，將穩定、可持續的產出視為真正的高效。

第 5 節　如何不靠燃燒自己，也能完成重要事項

現象引子：擺脫燃盡式成功

我們被灌輸的觀念常是「成功需要拚命」，彷彿只有燃燒自己，才能達成目標。然而，這種短期爆發力雖能偶爾帶來驚人成果，卻以健康、情緒與人際關係為代價。真正的關鍵是，如何在不耗盡自我的情況下，依然能持續完成重要事項。

第四部　你以為可以等，其實拖延正在吞噬你

理論解說：可持續動力的原理

心理學研究指出，長期的高效行動源於「內在動機」與「節奏感」的結合。當我們因價值、興趣或成就感而行動，而不是因恐懼或壓力驅動時，能量消耗會降低，持續性則大幅提升。再加上穩定的工作節奏與適當的恢復期，才能讓表現長期維持在高水準。

學術連結：自我調節與恢復理論

根據自我調節理論，行動與休息的平衡能讓意志力資源保持充足；恢復理論則強調，身心需要在高壓後進入修復狀態，否則效率會持續下滑。這意味著，避免燃盡不是偷懶，而是為了讓自己隨時保持戰鬥力。

生活延伸：從衝刺到耐力賽的轉變

想像你的人生不是 100 公尺短跑，而是一場馬拉松。若一直全速衝刺，很快就會體力透支；但如果懂得分配速度、補充能量，就能長時間維持穩定輸出。這種轉變不只減少倦怠，還能讓你更享受過程。

行動策略：高效且不燃盡的工作模式

- 將大目標拆成可管理的小任務，每次專注完成一小部分。
- 安排固定的恢復時段，如短暫休息、運動或放空，避免長時間持續消耗。

第 20 章　為什麼你總在最後一刻才發狠衝刺？

◆　用內在動機檢視任務意義，確保行動與個人價值一致。
◆　運用「能量日記」追蹤每天的狀態，調整工作節奏與負荷。
◆　學會適時說「不」，為重要任務保留最佳的專注力與時間。

第四部　你以為可以等，其實拖延正在吞噬你

第五部
你以為的終點,
其實只是劇本再演一次

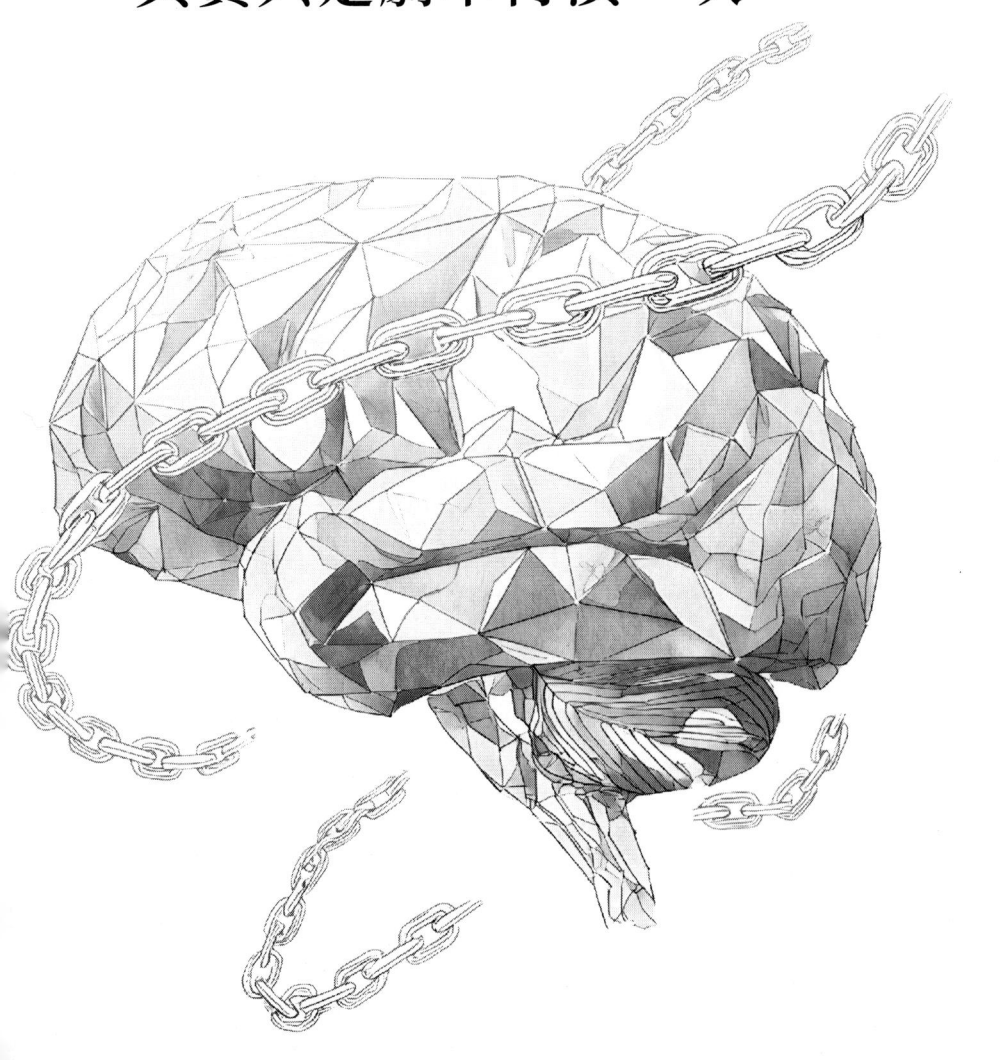

第五部　你以為的終點，其實只是劇本再演一次

第 21 章

中年危機不是突然來的，是壓抑太久的結果

第 1 節　你突然想換工作，其實是想換人生

現象引子：不只是職場的倦怠

有些人以為自己討厭的是工作內容，但真正令他們感到壓抑的，往往是整個生活狀態。當你在職場感到無力、厭倦或焦躁時，很可能只是冰山一角。工作只是生活的一部分，而真正讓你想「換掉」的，是這份工作所代表的價值、生活節奏與人生方向。中年階段的這種衝動，常被簡化為「職業倦怠」或「想轉職」，但其實背後隱藏的是對整體人生的重新審視與不滿。

理論解說：存在焦慮與角色衝突

存在主義心理學指出，人類在面對生命有限性與自我意義時，會產生所謂的「存在焦慮」。中年危機正是這種焦慮的高峰期，因為你已經累積了足夠的生活經驗，看見自己所處位置與

內心渴望的差距。職場只是顯現這種差距的舞臺之一。當你的職業角色與私人角色（如父母、伴侶、自我追求）衝突時，轉職的衝動其實是在尋找一種整體生活的重組方式，而不單是換個辦公室或產業。

學術連結：價值一致性與生活滿意度

心理學研究顯示，當個人的工作與核心價值一致時，生活滿意度與心理健康水準都會顯著提高。反之，如果工作環境與內在價值長期衝突，會導致慢性壓力與情緒耗竭。中年人特別容易察覺這種不一致，因為他們已經歷過初入職場時的熱情與挑戰，也體驗過穩定帶來的安全感，開始意識到「穩定並不等於幸福」。

生活延伸：成功之後，才發現自己缺席了生活

想像一位在金融業工作二十年的經理人，外界看來他事業有成、收入穩定，但他每天回家都感到心力交瘁，對孩子的成長與伴侶的情感交流逐漸缺席。某天，他在一次同學聚會中聽到老友談論旅行與公益工作的經歷，內心突然被觸動──那才是他多年來壓抑的夢想。這一刻，他意識到自己真正想換掉的不是金融業的職稱，而是那種被固定模式束縛、缺乏熱情的生活方式。

行動策略：辨識「換工作」背後的真正需求

- 寫下你想離開現職的所有理由：將它們分類成「工作內容」、「人際環境」與「生活狀態」三類，看看哪一類占比最高。

第 21 章　中年危機不是突然來的，是壓抑太久的結果

◆ 檢視核心價值：列出五個對你最重要的價值，對照現有工作與生活是否契合。

◆ 模擬未來藍圖：想像五年後的自己，如果不換工作會是什麼狀態？如果換了，會有哪些改變？

◆ 探索生活層面的調整：有時候，不是換工作才能帶來改變，調整作息、興趣或人際圈也能重啟動力。

◆ 設定低風險嘗試：在正式轉換前，先嘗試與夢想相關的小專案或副業，測試自己的熱情與可行性。

中年想換工作的背後，是對人生整體的再設計。當你意識到這一點，就不會只是衝動地提交辭呈，而是有意識地重構一個讓自己真正想投入的生活。

▍第 2 節　沒靈魂的成功，是最寂寞的陷阱

現象引子：表面光鮮，內心荒蕪

社會上不乏表面看來擁有一切的人──高薪、職銜、名望與穩定的生活。然而，在深夜獨處時，他們卻感到空洞與孤單。這種落差來自於，外在的成功並未與內在的意義產生連結。當你努力多年達成的目標，卻無法讓你感到真正滿足，那種失落比失敗更沉重。

第五部　你以為的終點，其實只是劇本再演一次

理論解說：成就與意義的錯位

積極心理學指出，幸福感並非單純來自成就本身，而是成就與個人價值的一致性。如果你的努力方向只是回應社會期待或外在評價，而非來自內心渴望，最終得到的成果就像是別人為你編寫的劇本 —— 即使演得再完美，也會覺得自己不在舞臺中央。

學術連結：內在動機與持續滿足

研究顯示，內在動機（如自我成長、意義感、熱情）是長期滿足的關鍵。而外在動機（如薪資、頭銜、社會地位）雖能帶來短暫快感，但適應速度很快，一旦新鮮感消退，就容易陷入「成就空虛感」。這也是為什麼許多人達到目標後，反而感到更迷惘。

生活延伸：成功的孤島

想像一位知名企業的高層主管，年薪數百萬，但每一天的行程都被會議與業績壓得喘不過氣，與家人聚少離多，興趣愛好早已被擱置。當他終於在職業生涯中登頂時，卻發現自己已失去對生活的熱情與歸屬感 —— 所謂的「成功」只剩下一個華麗的外殼。

行動策略：讓成功有靈魂

- 定義屬於自己的成功：列出你最重視的人生元素，如健康、關係、自由、影響力等。

第 21 章　中年危機不是突然來的，是壓抑太久的結果

- 檢視當前成就與價值的一致性：問自己，這些成就是否反映了我想成為的人？
- 在目標中融入意義：為每個目標找出背後的深層動機。
- 平衡生活領域：避免讓單一成就占據全部時間與精力。
- 持續自我探索：在達成階段性成果後，主動尋找下一個與內在價值契合的挑戰。

真正的成功，應該讓你既引以為傲，也能在日常中感到踏實與快樂。否則，它只是披著金色外衣的孤獨牢籠。

第 3 節　成就焦慮來自價值錯位

現象引子：努力卻不安

有些人明明已經比多數人更努力、更有成就，卻依然常常感到焦慮與不安。他們擔心自己做得不夠好、擔心被超越、擔心下一個目標達不到。這種焦慮並非源於懶惰或失敗，而是來自於成就與自身價值觀之間的錯位 —— 你追求的，也許並不是你真正想要的。

理論解說：價值錯位的壓力源

心理學研究顯示，當個人的行動與內在價值不一致時，即使表面上取得了成功，也會感到內在衝突。這種衝突會轉化為

持續的心理壓力,讓人陷入「成就焦慮」的循環:為了達到更多成就而努力,但每次達成後都缺乏真正的滿足感,於是又急於設定下一個更高的目標。

學術連結:自我決定理論與動機品質

自我決定理論(Self-Determination Theory)指出,當我們的行動由自主性與內在動機驅動時,更容易獲得持久的幸福感;反之,若行動主要受到外部獎勵或壓力驅使,雖然短期內可能達成高成就,但長期來看會增加焦慮感與倦怠感。這就是為什麼價值錯位的人,往往陷入「越成功越焦慮」的矛盾中。

生活延伸:華麗卻空洞的履歷

想像一位專業人士,履歷上滿是耀眼的專案與獎項,但每個專案都是因為公司目標或市場需求,而非個人熱情。他的生活被KPI與數字主導,雖然外界稱讚不斷,內心卻總覺得「這些不是我真正想做的事」。這種價值錯位,讓他即使達到成就,也無法消除焦慮。

行動策略:對齊成就與價值

- 列出核心價值:找出生活中最重要的五個價值,如創造力、自由、家庭、影響力等。
- 檢查當前目標的契合度:每個目標是否能反映至少一項核心價值?

第 21 章　中年危機不是突然來的,是壓抑太久的結果

◆ 重新定義成功:將成功的標準從「外部認可」轉為「內在滿足」。
◆ 設定價值導向的里程碑:讓每一步行動都能累積你想成為的樣子。
◆ 定期調整方向:當發現成就與價值脫節時,及時修正,避免陷入空轉的循環。

當成就與價值對齊時,你的努力不再只是追逐更多,而是穩步向著真正想要的人生前進,焦慮自然會減少,取而代之的是持續的動力與踏實感。

第 4 節　孤獨感是因為你和自己斷線了

現象引子:人群中的孤單

許多人以為孤獨是因為缺乏朋友或伴侶,但真正的孤獨感,往往發生在熱鬧的人群中。你可能被工作、家庭與社交包圍,卻感覺自己像在演一齣不屬於自己的戲 —— 與別人互動流暢,卻很久沒有和自己說話。

理論解說:自我疏離與心理隔閡

心理學中的「自我疏離」(Self-Alienation) 指的是一個人失去了與內在自我連結的能力,無法辨識或回應自己的情感與需

求。這種狀態會讓人即使外表看似融入社會,內心卻處於長期的情感隔離。當我們為了滿足他人的期待而長期忽略自己的感受時,就會與內在自我失去連結。

學術連結:真實自我與幸福感

研究顯示,能真誠展現真實自我的人,心理健康與幸福感顯著高於長期壓抑自我者。相反地,自我壓抑與角色扮演雖能暫時換取社會認可,但會導致情緒枯竭與孤立感。這也是為什麼中年階段,許多人在角色衝突與價值反思中,突然意識到自己「很久沒有真心地活著」。

生活延伸:日常裡的自我缺席

想像你每天的生活是按表操課 —— 開會、回訊息、照顧家庭、處理雜事 —— 一切都在既定的框架內進行。你完成了所有責任,但從未問過自己:今天我真正想做什麼?這種日復一日的自我缺席,才是孤獨感最深的根源。

行動策略:重新與自己連線

- 留出獨處時間:每天至少 15 分鐘,不為任何目的,只是安靜地和自己相處。
- 情緒檢視:每天記錄自己的情緒狀態,練習辨識並命名感受。
- 價值對話:定期回顧自己的生活與工作,是否仍符合核心價值。

- **真誠表達**：在安全的環境中，嘗試用真實的語言表達需求與想法。
- **儀式化自我關注**：設立屬於自己的小儀式，如週末晨間散步、音樂時光，讓自己被真正聽見。

孤獨感不一定是因為沒有人陪，而是因為你與最重要的自己失去了對話。當你重新建立這條連線，外在世界也會隨之變得更溫暖與真實。

第 5 節　所謂的轉職，其實是想找回主控權

現象引子：換工作的真正渴望

很多人認為自己想換工作，是因為薪水不夠、環境不好、上司難相處。但在深入探問後，往往會發現背後真正的渴望，是想重新掌握人生的主控權。當你在現有的職位上感到被動、受限、無法主導自己的節奏與方向時，轉職的想法就會悄悄浮現。

理論解說：自主性與心理掌控感

自我決定理論（Self-Determination Theory）指出，人類有三大基本心理需求 —— 自主性、能力感與連結感。其中，自主性是最直接影響幸福感的要素。當工作環境剝奪了你的決策權與

創造空間,你會感到失控與壓抑,而轉職成了重新奪回自主性的直覺選擇。

學術連結:掌控感與壓力反應

心理學研究顯示,掌控感低的人更容易感受到壓力與倦怠,且在面對挑戰時缺乏韌性。反之,當個人擁有更高的自主權與決策空間時,不僅表現會提升,心理壓力也會顯著降低。這說明了為什麼許多人在轉職後,即使工時或工作量相似,仍感覺更滿意與自在。

生活延伸:從受控到自我主導

想像一位在大型企業工作十年的專案經理,每天的行程被會議與流程填滿,創意想法常被層層審批消磨殆盡。雖然薪資與福利穩定,但她覺得自己像是在完成別人的人生計畫。當她轉到一家規模較小的新創公司後,雖然資源有限、挑戰更多,但她終於能親手決定專案方向,感覺自己重新回到了駕駛座上。

行動策略:在轉職前先找回主控權

- 檢視失控感的來源:是來自工作內容、管理方式還是整體生活節奏?
- 嘗試微調:在現職中尋找可增加自主性的空間,如提案新專案、重新分配任務。
- 評估轉職條件:確保下一份工作能真正提供更多掌控感,而非換湯不換藥。

第 21 章　中年危機不是突然來的,是壓抑太久的結果

- 建立生活主控權:不僅在工作中,日常生活的決策也要由自己主導。
- 學習界線設定:懂得拒絕不必要的任務與責任,保留精力給真正重要的事。

轉職不只是換一份工作,更是一種生命重新布局的行動。當你理解自己真正渴望的是主控權,就能在改變的路上做出更清晰、更符合內心的選擇。

第五部　你以為的終點，其實只是劇本再演一次

第 22 章

退休不是自由，而是身分危機的開始

第 1 節　工作拿走的不是時間，是存在感

現象引子：退休後的空白

許多人在退休前，幻想著終於可以自由安排生活，擺脫鬧鐘、會議與無止盡的待辦清單。然而，真正退休的那一天到來時，他們卻意外感到空洞與迷茫。原本以為工作奪走的是時間，但當它消失後才發現，工作真正帶走的是你的存在感 —— 那種被需要、被肯定、被定位的感覺。

理論解說：角色認同與心理連結

角色理論（Role Theory）指出，人們的身分感很大程度來自所扮演的社會角色。對許多人而言，職業角色不只是收入來源，更是自我價值的核心來源之一。當退休讓這個角色瞬間消失，內在的自我定位就會出現空缺。這並不是單純的「多了空閒時間」，而是失去了一個長期承載意義的場域。

第五部　你以為的終點，其實只是劇本再演一次

學術連結：存在感與心理健康

心理學研究顯示，存在感與心理健康高度相關。當人感到自己的存在被看見、被肯定時，會獲得穩定的情緒狀態與更高的生活滿意度。退休若缺乏替代性的存在來源，容易導致孤立感、焦慮甚至憂鬱。這也是為什麼許多退休者會在最初幾年感到不適應，甚至重新尋找工作或志工機會。

生活延伸：從職場到真空的過渡

想像一位在教育界服務三十年的教師，每天都有學生向她請教問題，同事邀請她參與決策，家長感謝她的付出。退休後的第一個月，她沒有了課表，電話也不再響起，日子安靜得讓人不安。她突然意識到，原來自己在職場建立的存在感，並未自然轉移到生活的其他領域。

行動策略：為存在感建立新舞臺

- 預先設計退休生活：在離開職場前，先探索能延續自我價值感的活動與角色。
- 轉化專業影響力：將職場技能轉換成社區、志工或興趣領域的貢獻方式。
- 建立日常認可感：透過與家人、朋友、社群的互動，獲取新的肯定來源。
- 發展多重身分：除了「退休者」，還可以是導師、創作者、旅行者等。

◆ 培養自我肯定能力：學會在沒有外部評價時，依然能為自己賦予價值。

退休不是結束，而是身分轉換的開始。當你意識到工作承載的不只是任務，還有你的存在感，你就能更有意識地為下一階段的人生建立新的舞臺與定位。

第 2 節　忙碌是許多人成為「自己」的最後遮蔽

現象引子：用忙碌掩蓋真相

在職場上，有些人幾乎全年無休，行程表永遠滿檔。表面看起來，他們是效率的化身、責任的典範，但其實，這種不間斷的忙碌，往往是在迴避更深層的問題——例如內心的空虛、對未來的迷惘，或是與自我價值的斷裂。忙碌，成了許多人維持身分與安全感的最後防線。

理論解說：行動主義與情緒逃避

行為心理學中，「行動主義」（Action Bias）描述了人在面對不確定或焦慮時，傾向用行動填滿時間，以獲得短暫的掌控感。這種模式讓人感覺自己很有生產力，但實際上是用任務堆疊來避免直視情緒或人生方向的問題。對接近退休的人來說，

忙碌更像是一層遮蔽,防止自己去思考「沒有工作後,我是誰?」這個關鍵問題。

學術連結:假性生產力與心理安全感

研究發現,假性生產力會讓人短暫提升滿足感與安全感,因為忙碌帶來的節奏與結構感能降低焦慮。然而,當這種忙碌缺乏與核心價值一致的目標時,長期會造成情緒耗竭與意義感的流失。特別是臨近退休時,如果沒有新的價值支點,這層「忙碌的保護膜」一旦被剝除,空虛感會迅速襲來。

生活延伸:忙碌成癮的日常

想像一位企業高階主管,每天早出晚歸,會議、專案、出差排得密密麻麻。即便週末,他也會主動安排各種聚會與活動,避免自己有獨處的時間。當公司宣布他將於一年後退休時,他開始感到恐慌,因為忙碌消失後,將沒有任何東西能掩蓋內心的空洞。

行動策略:讓生活從忙碌走向真實

- 留出刻意的空檔:在行程中加入無計畫的時段,讓自己有空間面對內在想法。
- 覺察忙碌的動機:分辨是出於熱情還是逃避,誠實地檢視行動背後的原因。
- 逐步減少不必要的任務:將時間釋放給真正重要且具意義的活動。

- ◆ 建立非工作型身分：提前培養興趣與人際關係，讓自己在退休後有其他身分支撐。
- ◆ 練習與自己相處：學會在安靜中找到安定，而不是依賴忙碌填補內心空白。

忙碌不是問題，問題在於它是否替代了你與自己對話的時間。當你不再用忙碌遮蔽真相，就有機會打造一個更真實、更貼近內心的退休生活。

第 3 節　退休焦慮反映的是自我定位的斷裂

現象引子：不安的自由

許多人在臨近退休時會感到焦慮，雖然表面上是對收入減少或生活規劃的擔憂，但更深層的原因，是失去了原本清晰的自我定位。當職業身分不再是你日常生活的核心，你可能會突然陷入「我到底是誰」的困惑之中。

理論解說：角色轉換與身分斷裂

社會心理學中的角色轉換理論指出，人們在不同生命階段會經歷角色的變化，而每個角色都承載了特定的行為模式與社會期望。退休意味著你從長期穩定的「職業角色」中抽離，如果沒有其他角色足以替代，心理上就會出現斷裂感，導致焦慮與失落。

學術連結：身分一致性與心理穩定

研究顯示，身分一致性是維持心理穩定的重要因素。當個人擁有多重且相互支持的身分時，即使失去其中一個，仍能保持自我價值感。然而，如果長期以單一角色定義自己，一旦該角色消失，就容易陷入身分危機，甚至引發憂鬱與孤立感。

生活延伸：從「我是誰」到「我可以是誰」

想像一位在醫院服務多年的護理長，長期以來，她的名字與職稱幾乎劃上等號。退休後，沒有人再稱她為「護理長」，她感到被世界遺忘。直到她開始參與社區健康推廣、擔任年輕護理師的導師，她才逐漸意識到，自己仍能在不同的舞臺上發揮價值。

行動策略：為新身分鋪路

- 提早多元化角色：在退休前培養與工作無關的興趣與人際圈。
- 盤點可延續的價值：找出職業生涯中可轉移到生活其他面向的能力與經驗。
- 設計過渡期：讓自己在退休後先嘗試不同角色，而非立即完全抽離。
- 建立新目標：將重心轉向個人成長、家庭、社區貢獻或創意發展。
- 重塑自我敘事：用新的身分與故事重新定義自己，讓生命敘事持續延展。

退休焦慮的本質,不只是對未知的恐懼,而是對失去自我定位的抗拒。當你願意主動重塑身分,退休便不再是斷裂,而是另一種延續與轉化。

第 4 節　生活沒有儀式感,就像沒劇情的劇本

現象引子:空白的日子

許多人在退休後,最大的感受不是閒暇,而是生活像失去節奏與情節。過去的日子由工作規律安排 —— 早起、通勤、會議、下班 —— 每天都有「劇本」。然而,一旦離開職場,沒有了固定的節奏與目標,生活就像是一部缺乏劇情推進的電影,讓人感到茫然與無所適從。

理論解說:儀式感與心理秩序

心理學研究指出,儀式感能賦予日常活動以結構與意義,幫助人維持心理秩序與穩定。儀式不必宏大,可以是每天晨間的散步、泡一杯喜歡的茶,或每週固定的聚會。這些行為提供了可預期的節奏,讓生活有「段落感」,減少混亂與空虛。

學術連結:時間結構與幸福感

研究顯示,擁有清晰時間結構的人,即使在沒有工作壓力的情況下,幸福感與滿足度也顯著高於日常無序者。這是因為時間結構不只是效率工具,更是自我認同的一部分。當我們透

過儀式感為生活劃出節點,就像在為自己編寫新劇情,避免生命感變得模糊。

生活延伸:缺乏節奏的後遺症

想像一位剛退休的工程師,第一個月充滿新鮮感,但很快地,晚睡晚起、日子混亂的狀態讓他感到焦躁。他發現自己開始失去動力,甚至連過去喜愛的嗜好都懶得參與。直到他開始設定固定的晨間運動時間、週末家庭聚餐、每月一次短途旅行,他才重新找回生活的動能與期待。

行動策略:為生活設計儀式

- 建立固定的日常節奏:如起床時間、運動時間、閱讀時間等。
- 加入有意義的活動:選擇能讓你感到滿足與投入的固定活動,形成週期性習慣。
- 創造專屬的生活儀式:例如每週烹飪一道新菜、每月寫一次反思日記。
- 與他人共享儀式:邀請家人或朋友一起參與,增加互動與連結。
- 不斷微調節奏:隨著興趣與需求變化,靈活調整生活儀式的內容與頻率。

退休不是生活的停擺,而是編寫新劇本的開始。當你以儀式感為日子增加節奏與情節,生活將再次充滿期待與方向。

第 22 章　退休不是自由，而是身分危機的開始

第 5 節　如何重新定義「我是誰」？

現象引子：身分的空窗期

退休後，許多人會陷入一段身分空白期。過去的你，是工程師、教師、醫師或主管，這些頭銜不僅是工作，更是你在社會中的定位與被認可的方式。然而，一旦這些標籤消失，你可能會茫然無措，甚至感到自己變得透明，好像失去了存在的理由。

理論解說：自我認同與生命週期

心理學家艾瑞克森 (Erik Erikson) 的人格發展理論指出，人在不同生命階段會面臨不同的心理課題，而中老年階段的重要課題之一，就是整合過去的經驗與價值，重建自我認同。退休迫使我們脫離長期依賴的職業身分，進入重新定義「我是誰」的關鍵轉折點。

學術連結：多重身分的適應力

研究顯示，擁有多重身分 (如家庭成員、志工、創作者、學習者) 的人，在面對人生轉變時更具韌性，因為他們的價值感不依賴於單一角色。這種多元身分讓人能在舊角色結束後，迅速找到新的意義與歸屬。

生活延伸：用新故事接續舊篇章

想像一位退休的建築師，職業生涯中他以設計作品為榮。退休後，他將專業轉化為社區建築講師，並投入年輕設計師的

培訓。同時,他開始探索攝影與旅行,把這些新經驗融入自己的生活敘事中。對他而言,「我是誰」不再只是建築師,而是創造美感與啟發他人的人。

行動策略:重塑自我定義的步驟

- 回顧生命故事:整理你過去的角色與成就,找出共同的價值核心。
- 擴展身分範圍:將注意力放在尚未發掘或想嘗試的新領域。
- 設立過渡目標:用小型計畫或短期挑戰,試探不同的自我可能性。
- 建立新的人際圈:參加興趣團體、社區活動,拓展非職場的人際連結。
- 練習用新語言介紹自己:當別人問「你是做什麼的?」時,嘗試用不依賴舊職稱的方式回答。

退休不是失去身分,而是獲得重新定義的契機。當你願意擴展自我敘事,你會發現,人生在不同階段都能有全新的「我是誰」。

第 23 章

遺憾從未消失，
只是被收在心底某一層

第 1 節　未完成事件是情緒記憶的密碼

現象引子：那些放不下的事

人生中總有一些事情，即使過了多年，仍會在某個不經意的時刻浮現。可能是一段未完成的關係、一個未實現的夢想，或是一句未說出口的話。這些未完成事件像是被鎖在心底的一封信，偶爾被觸碰，就會喚醒當時的情緒與感受。

理論解說：未竟事件效應

心理學中的蔡加尼克效應（Zeigarnik Effect）指出，人類對未完成或被中斷的事情會產生更強烈的記憶與情緒連結。這是因為大腦傾向尋求閉合與完整性，當事情懸而未決時，心理就會不斷重播該事件，試圖尋找解答與收束。

學術連結：情緒記憶與身心影響

研究顯示，未完成事件不僅會長期占據心理資源，還可能影響睡眠品質、專注力與情緒穩定。這些事件在記憶中往往與強烈的情緒綁定，因此每次回想，都是一次情緒的再體驗。如果不加以處理，它們會在潛意識中累積，影響我們對當下與未來的選擇。

生活延伸：舊事的影子

想像一位年輕時夢想成為音樂家的女性，因家庭壓力而放棄。多年後，即使生活安穩，她在聽到舞臺上的鋼琴聲時，仍會泛起複雜的情緒——有遺憾、有渴望，也有一絲苦澀。這段未完成的夢想，早已成為她情緒記憶的密碼，影響她看待自我與人生的方式。

行動策略：解鎖未完成事件

- 覺察與命名：寫下讓你反覆想起的事件，並明確描述它們帶來的情緒。
- 區分可控與不可控：釐清哪些部分仍能行動，哪些只能接納與放下。
- 象徵性完成：用儀式、紀念或創作的方式，給予事件一個心理上的結束。
- 轉化意義：將遺憾視為提醒，幫助自己在未來更珍惜機會。

◆ 尋求支持：與可信賴的人分享，或透過心理諮商釋放積壓情緒。

未完成事件不必永遠成為心底的重擔，當你學會解讀並釋放它們的情緒密碼，就能從過去的牽絆中抽離，讓自己更自由地面對未來。

第 2 節　後悔清單揭露的不是失敗，而是渴望

現象引子：清單背後的真相

每個人心中都有一份「後悔清單」——那些我們沒有做、沒敢做或沒來得及做的事。表面看起來，這份清單是失敗或錯誤的紀錄，但如果仔細端詳，就會發現它真正揭露的，其實是我們最深的渴望。這些遺憾往往是未被滿足的願望，而非單純的錯誤回顧。

理論解說：後悔的功能

心理學研究指出，後悔有兩種形式：一種來自於「行動的錯誤」（做了不該做的事），另一種則是「不行動的錯誤」（沒有做該做的事）。中長期來看，人們更容易被不行動的錯誤困擾，因為它們直接指向未被實現的渴望。後悔因此成為一面鏡子，映照出我們真正在乎卻被忽略的事物。

第五部　你以為的終點，其實只是劇本再演一次

學術連結：理想自我與真實自我

自我差異理論（Self-Discrepancy Theory）認為，當理想自我與現實自我差距過大時，就會引發負面情緒，而後悔是其中最鮮明的表現之一。那些年復一年仍在後悔清單上的事，通常是我們理想自我藍圖中不可或缺的部分，它們的缺席提醒著我們還有未完成的旅程。

生活延伸：渴望的代碼

想像一位曾夢想開設咖啡館的男子，因經濟壓力選擇了穩定的公職。多年後，他的後悔清單上依然寫著「沒有開咖啡館」。這並不只是遺憾一次選擇，而是渴望一種自主、創造與與人交流的生活方式。清單上的每一項，其實都是一段渴望的代碼，等待被解讀與回應。

行動策略：讀懂並回應後悔清單

- 重讀清單：將後悔事項逐條寫下，觀察它們的共通主題。
- 找出渴望核心：問自己，這件事中最吸引我的部分是什麼？
- 尋找替代方案：即使無法原樣實現，也可以用其他方式滿足同樣的渴望。
- 行動化渴望：設定小步驟，逐步將渴望轉化為現實。
- 與過去和解：承認當時的選擇有其背景，並專注於現在可行的改變。

後悔不該只是對過去的審判,而應是對未來的指引。當你看懂清單上的真正含義,就能將它從沉重的包袱,轉化為推動你前行的力量。

第 3 節　原諒過去的自己,才有未來的新路線

現象引子:卡在過去的枷鎖

許多人之所以無法向前,是因為心中背著一個沉重的「如果當時……」的包袱。對自己的過去選擇懷有怨懟,會讓人陷入自我譴責的循環,既不願放下,也無法改變現狀。這種心理困境,不僅消耗能量,更讓未來的可能性變得模糊。

理論解說:自我寬恕的力量

心理學中的自我寬恕(Self-Forgiveness)並不是為錯誤開脫,而是承認當時的自己在有限的資源、知識與環境下,做出了最好的選擇。自我寬恕可以減輕自責與羞愧,讓人從情緒負債中解放,重新獲得行動的自由度。

學術連結:認知重評與情緒釋放

研究顯示,透過認知重評(Cognitive Reappraisal)來重新詮釋過去事件,有助於降低負面情緒的強度。當人能用新的視角看待自己的過去,情緒負擔就會減輕,未來的計畫與行動也更容易啟動。這種轉化是重建自我效能感與心理韌性的關鍵步驟。

生活延伸：從自責到成長

想像一位多年後依然懊悔離開第一份創業機會的人，他常告訴自己「當時如果堅持下去，就會成功」。直到有一天，他開始認真回顧當時的資金狀況、市場條件與自身能力，才意識到即使留下來，結果也未必如想像般完美。這種重新理解，讓他不再困在假設中，而是將當年的經驗轉化為下一次行動的指引。

行動策略：練習原諒自己的步驟

- 承認情緒：允許自己感受懊悔與失望，情緒的存在是自然的。
- 重寫事件版本：嘗試用不同的角度回顧當時的決策背景與限制。
- 辨識學到的教訓：找出從事件中獲得的技能或洞察。
- 給過去的自己一封信：用理解與善意對當時的自己說話。
- 設立新的行動承諾：用具體計劃將學到的經驗應用在未來。

原諒過去的自己，不代表忘記，而是承認那些經歷已經塑造了今天的你。當自責的鎖鏈被解開，你才能帶著輕盈的步伐，踏上屬於自己的新路線。

第 4 節　如何好好告別人生中的未竟之事？

現象引子：懸而未決的重擔

人生中有許多事，不是因為失敗而停下，而是因為環境、時間或心境的轉變而中斷。這些未竟之事，可能是一段未完成的感情、一場未踏上的旅行，或是一個未啟動的夢想。它們就像懸掛在心裡的石頭，偶爾晃動，提醒著我們曾經的渴望與遺憾。

理論解說：心理完結與情緒整合

心理學中有個概念稱為「心理完結」（Psychological Closure），指的是透過有意識的行動，為未完成的事件劃下句點，讓心靈獲得釋放與整合。缺乏心理完結的事件，會持續占據情緒與注意力，使人無法專注於當下與未來。

學術連結：告別的治癒力量

研究發現，當人們以儀式、對話或書寫等方式正式告別未竟之事時，大腦會將該事件從「進行中」轉為「已完成」的狀態，減少反覆思索的衝動。這種轉換不僅有助於情緒穩定，也能釋放心理資源，用於新的計畫與關係建立。

生活延伸：用儀式完成缺口

想像一位多年來一直懷念未能和解的朋友，他一直沒鼓起勇氣聯絡。最終，他選擇寫下一封從未寄出的信，將心中想說

的話全數表達,然後在海邊焚燒,象徵將未完成的情感釋放。雖然朋友並未收到信,但他的心情從此變得輕盈許多。

行動策略:與未竟之事和解

- 正視它的存在:承認未竟之事的影響,而不是刻意忽略。
- 選擇告別方式:可以是實際行動、象徵性儀式或心靈對話。
- 完成象徵行動:用具體且可見的方式,為事件畫上結尾。
- 留下一份紀錄:保存一張照片、一段文字,作為曾經努力過的證明。
- 轉向未來:在告別後立即為自己設定一個新的目標或嘗試。

告別未竟之事,不是放棄,而是給自己一個乾淨的起點。當我們學會以溫柔與決心為過去劃下句點,就能為人生打開更多未知而充滿希望的篇章。

第 5 節　如果能重來一次,你會怎麼選?

現象引子:假設的力量與陷阱

「如果能重來一次,我會⋯⋯」這句話,可能是人們在回顧人生時最常出現的假設。它既帶有懊悔的色彩,也蘊含著對另一種可能性的嚮往。然而,過度沉溺於「如果」的假設,容易讓我們忽略當下能改變的事,並陷入與現實脫節的幻想之中。

第 23 章　遺憾從未消失,只是被收在心底某一層

理論解說:反事實思考的雙面性

心理學中的反事實思考(Counterfactual Thinking)指的是在腦中模擬與現實不同的情境,推測如果當初作出不同選擇,會發生什麼結果。這種思考模式分為向上比較(假設更好的結果)與向下比較(假設更糟的結果)。適度的反事實思考能幫助我們學習與改進,但若過度傾向向上比較,則會增加遺憾與不滿感。

學術連結:心理適應與行動動力

研究指出,將「如果」轉化為具體行動計畫的人,能有效減少無助感並提升自我效能。當反事實思考被用作反省與規劃工具,而非純粹的情緒消耗,它就能成為推動改變的力量。關鍵在於,將焦點從假設的過去轉移到可塑的未來。

生活延伸:把假設變成試驗

想像一位多年來後悔沒有出國留學的人,總在想「如果當初去了,我的生活會更精彩」。後來,他決定不再空想,而是報名國際志工計畫,用另一種方式體驗海外生活。雖然與當初的選項不同,但這次的行動讓他獲得了全新的經歷與視野,也讓那份遺憾有了新的出口。

行動策略:從「如果」到「現在就」

- 辨識核心渴望:問自己,那個假設情境中,真正吸引你的元素是什麼?
- 設計替代方案:找出現階段能滿足同類渴望的其他途徑。

第五部　你以為的終點，其實只是劇本再演一次

- 設定可行的行動：將遺憾轉化為具體、可執行的小步驟。
- 限制幻想時間：給自己固定的反思時段，避免無止盡的情緒循環。
- 專注於當下可改變的事：將精力投入到眼前可以行動的選擇上。

「如果能重來一次」是人性中自然的感嘆，但更重要的，是把這份感嘆轉化為行動，讓當下的你，活成不需要再對未來的自己說出同樣話的人。

第 24 章

老去不是變弱，是變回最真實的你

第 1 節　心理韌性和年齡無關，和心態有關

現象引子：年齡不是限制

　　許多人誤以為隨著年齡增長，適應能力與抗壓力必然下降。然而，真實情況是，心理韌性並不由年齡決定，而是取決於心態。你可以在二十歲時就失去鬥志，也可以在七十歲時依然充滿行動力。關鍵不在於身體的年紀，而在於面對挑戰時的心理選擇。

理論解說：韌性是一種可塑能力

　　心理學中的韌性（Resilience）指的是個體在面對壓力、逆境或重大改變時，仍能維持穩定、適應並繼續前進的能力。研究顯示，韌性並非天生固定，而是可以透過經驗、學習與反思來培養。年齡或許會改變我們的體能，但卻能同時累積應對挑戰的智慧與方法。

學術連結:成長型心態與自我效能

卡蘿·杜維克(Carol Dweck)的成長型心態理論指出,相信能力可以透過努力與學習而提升的人,更容易在逆境中保持積極行動。與此同時,自我效能(Self-Efficacy)——也就是對自己能達成目標的信念——是影響韌性的關鍵因子。當年齡增長伴隨著自我效能的提升,韌性反而會更強。

生活延伸:晚成者的力量

想像一位在五十五歲時才開始學習繪畫的人,剛起步時屢屢遭遇技術瓶頸與自我懷疑,但他不以年齡為藉口,而是將每次挫折視為改進的契機。幾年後,他舉辦了第一次個展,並且獲得好評。這個過程說明,韌性來自持續的投入與信念,而非出生時的條件或年齡。

行動策略:打造跨年齡的韌性

- 調整思維:將挑戰視為成長機會,而非威脅。
- 累積應對經驗:每次逆境都是擴充解決問題工具箱的機會。
- 強化自我效能:設定可達成的短期目標,逐步建立自信。
- 培養支持系統:與鼓勵成長與支持改變的人建立連結。
- 持續學習:不因年齡停下學習的腳步,讓心態保持彈性。

心理韌性從來不是青春的專利,而是一種任何年齡都能擁有的內在力量。當你用成長型心態面對人生,歲月只會讓你的韌性更加堅實。

第 24 章　老去不是變弱，是變回最真實的你

第 2 節　減法人生反而看得更清楚

現象引子：少即是多的真諦

隨著年齡增長，許多人開始意識到，真正的自由與清晰感並非來自擁有更多，而是懂得減去不必要的負擔。無論是物質、關係還是承諾，當你開始做減法時，生活的重點會變得更明顯，你也更能專注在真正重要的事物上。

理論解說：選擇過載與心理負擔

心理學中的「選擇過載」（Choice Overload）現象指出，當選擇過多時，人不僅更難做決定，也更容易感到後悔與焦慮。減法人生透過刪減不必要的選項與雜訊，能降低心理負擔，提升決策品質與生活滿意度。

學術連結：專注力與幸福感的關係

研究顯示，專注於少數有意義目標的人，比起分散精力追求多項事物的人，幸福感更高且壓力更低。減法不只是物理上的清理，更是心理上的精簡，讓我們能將資源集中在價值感最高的領域。

生活延伸：放下的勇氣

想像一位在職場打拚多年的高階主管，退休後他清空了過去收藏的大量文件與不再穿的衣物，也主動淡化與自己價值觀差距過大的社交關係。結果，他每天的生活變得簡單卻充實，

有更多時間投入志工服務與閱讀。他發現，放下讓自己看清了什麼才是真正值得保留的。

行動策略：實踐減法人生

- 盤點生活資源：列出時間、精力與金錢的主要花費，評估其必要性。
- 刪除低價值任務：將不符合核心價值的活動逐步移除。
- 精簡社交圈：保留能帶來正面能量與支持的關係。
- 設定優先順序：用三到五個關鍵目標取代繁瑣的清單。
- 定期檢視：每隔幾個月重新檢查，確保減法原則持續落實。

減法人生不是剝奪，而是一種選擇與專注的藝術。當你主動減去多餘的，眼前的世界會變得更清晰，你的心也會更安定。

第 3 節　回到簡單，是因為你終於不想再討好

現象引子：停止迎合的瞬間

許多人年輕時花了大量時間取悅別人，無論是職場的上司、生活中的親友，還是社交圈裡的熟人。我們習慣用迎合換取認同，卻在過程中失去了自己的聲音。隨著年齡增長，有些人突然意識到，不必再用別人的標準來衡量自己，於是開始回到簡單的生活，只保留與內心契合的事物與人。

第 24 章　老去不是變弱，是變回最真實的你

理論解說：自我肯定與心理自主

心理學中的自我肯定（Self-Affirmation）理論指出，當人能夠依據自己的價值觀行動，而非外界的期待時，心理自主性與滿足感會顯著提升。這種轉變往往來自於經驗累積與自我覺察的成長，讓人更清楚什麼值得自己投入，什麼只是消耗精力的無效付出。

學術連結：真實自我與幸福感

研究發現，長期壓抑真實自我、迎合外界期望的人，幸福感與心理健康水準往往低於忠於自我的人。當我們停止過度討好，反而更容易吸引真正欣賞我們的人，也能將精力集中在與自身價值一致的事物上。

生活延伸：簡化後的自由

想像一位長年在社交場合應酬的企業顧問，曾經他害怕缺席會被遺忘，因此幾乎不拒絕任何邀約。多年後，他決定只參加真正感興趣的活動，並將更多時間留給家人與個人愛好。起初他擔心關係會淡化，但很快發現，留下來的才是能真誠交流的朋友，他的生活反而更輕盈自在。

行動策略：停止討好的步驟

- 辨識討好的情境：記錄哪些場合讓你為了迎合他人而忽略自己感受。
- 設定界線：清楚劃分你願意付出的範圍與時間。

- 練習拒絕：從小事開始，逐步習慣對不必要的要求說不。
- 強化自我價值感：用自己的成就與價值觀作為自我評估的依據。
- 專注真實連結：將精力投資在能帶來互相支持與理解的人際關係中。

回到簡單的生活，不是退縮，而是從迎合他人的枷鎖中解放自己。當你選擇真誠地活，才會發現原來最舒服的狀態，就是做自己。

第 4 節　老年不是衰退，而是整合

現象引子：重組的力量

許多人將老年視為身心衰退的代名詞，但事實上，對許多人而言，這是一個重新整合人生經驗、價值與人際關係的階段。隨著時間的累積，我們有更多的素材來審視自己的人生，將不同時期的學習與感受，整合成一套屬於自己的生命觀。

理論解說：整合與自我一致性

心理學家艾瑞克森（Erik Erikson）提出的「自我整合」概念指出，在生命的後期，人們會試圖將過往的經驗編織成一個有意義且一致的故事。這種整合讓人感到完整與安定，即便生命

第 24 章　老去不是變弱,是變回最真實的你

中有遺憾與挫折,也能將它們視為不可或缺的篇章,而非失敗的證明。

學術連結:生命回顧的正向作用

研究顯示,有意識地進行生命回顧(Life Review)能提升長者的幸福感與心理韌性。透過回顧與整合,人們更容易接受自我、找到人生意義,並在面對未來的不確定性時保持平和心態。整合不只是情感上的療癒,也是面向未來的心理資源。

生活延伸:整合後的自由

想像一位經歷過創業失敗、家庭衝突與健康挑戰的女性,年輕時她曾因這些挫折感到羞愧與沮喪。然而,在退休後的生命回顧中,她意識到每段經歷都塑造了自己的韌性與同理心,這使她能在社區中成為支持他人的重要力量。她的故事不再是分散的片段,而是一個完整且有力量的敘事。

行動策略:實踐人生整合

- 進行生命回顧:花時間記錄與反思不同階段的重要事件與收穫。
- 接受不完美:將遺憾視為人生必然的一部分,並從中汲取意義。
- 尋找貢獻機會:用自身經驗支持他人,將生命故事轉化為資源。

第五部　你以為的終點，其實只是劇本再演一次

◆ 保持學習：在整合過去的同時，依然對新知與新經驗保持開放。

◆ 培養內在一致性：確保日常行動與核心價值相符，讓生活更有方向感。

老年不是逐漸消失的過程，而是將過去與現在融合成一種更深層的完整。當你懂得整合，歲月會成為你最深厚的力量來源。

第 5 節 「夠了」的人生，才是真正的選擇

現象引子：知足的力量

在不同的人生階段，我們總被鼓勵追求更多：更多的收入、更多的成就、更多的關係。然而，進入人生後半場後，越來越多人意識到，「夠了」並不是妥協，而是一種智慧。它代表著對當下擁有的感到滿足，也意味著不再被無止境的追求綁架。

理論解說：足夠原則與幸福感

心理學中的「足夠原則」(Sufficiency Principle)強調，當人們對自己的資源和狀態感到滿意時，幸福感會顯著提升。與之相對的是「更多主義」(More-ism)，不斷追求更好，卻常伴隨焦慮與不安。選擇「夠了」的心態，是將焦點從缺乏轉向感恩，從競爭轉向享受。

第 24 章　老去不是變弱，是變回最真實的你

學術連結：內在動機與生命滿意度

研究顯示，當行動由內在動機驅動——例如興趣、價值觀或意義感——而非外在獎勵或社會比較時，人們的滿意度和幸福感會更高。「夠了」的人生，通常意味著已經擺脫了外在比較的枷鎖，轉而依循自身的節奏與喜好生活。

生活延伸：減速中的豐盈

想像一位在職場打拚數十年的餐飲業者，曾經他追求擴張與營收，直到健康亮起紅燈。他決定縮減事業規模，保留一家能親自打理的小餐館，並將多餘的時間投入烹飪教學與家庭生活。他發現，即使收入減少了，生活卻更充實，因為他擁有了足夠的時間、能量與喜悅。

行動策略：找到屬於你的「夠了」

- 定義你的足夠：清楚界定你在財務、人際與生活上的「剛好」狀態。
- 辨識過度追求的領域：檢視哪些追求已經超過你的需求，反而造成壓力。
- 培養感恩習慣：每天花時間記錄三件讓你感到滿足的事。
- 拒絕無意義的比較：專注於與自己的成長相比，而非他人的成就。
- 用時間換取價值：將時間與精力投入到能真正帶來喜悅與意義的活動中。

第五部　你以為的終點，其實只是劇本再演一次

　　「夠了」不是停下腳步，而是學會用更清晰的心去選擇生活的內容。當你找到屬於自己的足夠，你會發現，這才是真正的自由與幸福。

第 25 章

死前的人生總結，其實早就藏在日常裡

第 1 節　意義是你活著的軌跡拼出來的圖

現象引子：日常中的圖案

我們常以為人生的意義會在某個重大時刻突然浮現，比如獲得獎項、完成一個夢想或在臨終前的瞬間。然而，真正構成人生意義的，往往不是那幾個高光時刻，而是無數平凡日子的軌跡。這些日常的選擇、習慣與互動，像是一片片拼圖，最後拼成一幅屬於你的完整圖像。

理論解說：意義建構的連續性

心理學研究指出，意義感來自於將日常行動與長期價值連結起來的能力。意義並不是一個單一事件，而是累積在每一次選擇與經驗中的長期結果。當我們有意識地將日常行為與個人價值對齊，人生的圖像會越來越清晰。

第五部　你以為的終點，其實只是劇本再演一次

學術連結：敘事心理學與生命故事

敘事心理學認為，人們透過構建生命故事來理解自己的人生。這些故事並非僅由重大事件構成，而是由許多小片段交織而成。當我們能夠在回顧時看到事件之間的脈絡與意義，就能更深刻地感受到生命的完整與價值。

生活延伸：平凡中的足跡

想像一位從不追求耀眼成就的老師，她每天用心備課、傾聽學生的心聲，並在課堂之外默默關心孩子們的成長。多年後，她的學生們回來告訴她，她改變了他們的生命方向。這位老師的人生圖像，不是由一兩件大事構成，而是由數千個平凡日子的累積繪成。

行動策略：拼出你的生命圖像

- 辨識核心價值：明確知道什麼對你最重要，讓行動有方向。
- 記錄日常行動：用日記或其他方式，捕捉那些符合價值觀的小事。
- 定期回顧：每隔一段時間檢視自己的行動軌跡，確認與價值的一致性。
- 賦予小事意義：在日常選擇中刻意加入讓自己滿足與驕傲的元素。
- 連結與分享：與他人分享你的經歷與價值觀，讓生命故事更有深度。

意義不是突如其來的禮物，而是日復一日、點滴累積的結果。當你用心拼湊每一片屬於自己的拼圖，生命的圖像終將清晰可見。

第 2 節　痛苦沒白費，它讓你成為「你」

現象引子：傷痕背後的力量

在人生的長河中，我們都曾經歷過失敗、失落與痛苦的時刻。雖然當下令人難以承受，但回首來看，那些經歷往往在悄悄塑造著我們的性格、價值觀與面對挑戰的方式。痛苦不只是考驗，更是鍛造出獨特自我的火爐。

理論解說：逆境成長的心理機制

心理學中的「創傷後成長」（Post-Traumatic Growth）理論指出，經歷重大逆境的人，往往能在事後獲得深層的自我理解、更強的韌性與更清晰的人生優先順序。這並非說痛苦本身是好事，而是指我們對痛苦的回應與意義建構，能夠成為自我成長的養分。

學術連結：情緒加工與自我轉化

研究顯示，當人們能夠透過情緒加工（Emotional Processing）正視並消化痛苦經驗時，大腦會重新建構該經驗的意義，將其

轉化為行動的動力與智慧。這種轉化不僅提升心理韌性，還能幫助人建立更深層的同理心與人生洞察力。

生活延伸：由痛到成長的軌跡

想像一位曾在職涯中遭遇重大挫折的設計師，當時他失去了工作與信心。然而在反思與調整的過程中，他不僅學會了更靈活的設計方法，也發現自己真正熱愛的領域。幾年後，他以更成熟與穩健的心態重返職場，並創立了自己的品牌。這段痛苦經歷，成為他人生故事中不可或缺的一部分。

行動策略：讓痛苦成為養分

- 允許自己感受：接納痛苦是自然反應，而非軟弱的象徵。
- 探索經驗意義：問自己，這段經歷教會了我什麼？
- 記錄成長過程：透過日記或創作，將痛苦轉化為有形的故事。
- 尋找支持網絡：與理解你的人分享，獲得情感支援。
- 轉化為行動：將從痛苦中獲得的洞察，應用在未來的選擇與計畫中。

痛苦本身不是價值，但它塑造了你的價值觀與人生厚度。當你理解並接納這一點，你會發現，正是那些難熬的時刻，讓今天的你更完整、更真實。

第 25 章　死前的人生總結，其實早就藏在日常裡

■ 第 3 節　最後一口氣，說的是「我活過了」

現象引子：臨終的總結

當人走到生命的盡頭，往往會回顧自己的一生。在那短短的最後一口氣裡，真正湧上的不是資產清單、頭銜或成就數字，而是那些有溫度的瞬間——陪伴家人的笑聲、突破自我時的心跳，以及曾經全力以赴的日子。能夠在那一刻說出「我活過了」，意味著你的人生對自己而言是完整且值得的。

理論解說：臨終意義回顧

臨終心理學研究指出，人在生命最後階段，會進入一種「意義回顧」的心理過程，試圖將生命經驗統合成一個有價值的故事。這是一種深層的自我檢視，並且是為生命找到最終解釋與肯定的重要步驟。能否在這個階段感到滿足，往往取決於平日是否依循核心價值生活。

學術連結：後悔與滿足的對比

澳洲勵志演說家布朗妮・威爾（Bronnie Ware）在長期照顧臨終病患的經驗中，整理出人們臨終前最常提到的五大後悔，其中包括「希望自己有勇氣過真正想要的生活」與「希望自己花更多時間和重要的人在一起」。這些後悔與滿足感之間的對比，清楚顯示了選擇與價值一致生活的重要性。

第五部　你以為的終點，其實只是劇本再演一次

生活延伸：活得無憾的軌跡

想像一位年輕時勇於追夢的攝影師，雖然途中遇到財務壓力與社會質疑，但他仍選擇忠於自己的熱情，並在不同國家捕捉了無數感動的瞬間。晚年時，他看著牆上滿滿的影像回憶，平靜地說：「我活過了。」對他而言，生命不是完美無缺，而是充滿真實與熱愛。

行動策略：為最後一口氣做準備

- 對齊核心價值：在日常選擇中優先考慮與價值觀一致的方向。
- 創造高峰記憶：刻意安排能讓自己全情投入且難忘的經歷。
- 珍惜人際關係：定期花時間與重要的人相處，深化連結。
- 減少不必要的妥協：勇於拒絕與自己價值相違背的事物。
- 記錄生命故事：將你的經歷以文字、影像或其他形式保存，留給自己與後人。

能夠在最後一口氣時帶著平靜與微笑，說出「我活過了」，並不是偶然，而是每一天累積而成的選擇。從現在開始，你就可以決定那一刻的自己，會帶著感激與自豪離開。

第 4 節　活著是學會面對結束

現象引子：與終點和解

　　生命是一條有起點也有終點的旅程，但我們大多數時候選擇忽略終點的存在，彷彿這樣就能永遠活在當下。然而，真正深刻的人生態度，是勇於正視結束，並在過程中學會與它和解。懂得面對結束，不是放棄，而是帶著清醒與從容活著。

理論解說：死亡意識與生命價值

　　存在主義心理學認為，死亡意識能讓人更珍惜有限的時間，並促使我們將注意力集中在真正有意義的事物上。當代精神醫學大師歐文・亞隆（Irvin Yalom）指出，當我們正視死亡，就更能體驗生命的豐富，因為每一個選擇與行動都變得更為珍貴。

學術連結：結束帶來的行動驅力

　　研究發現，當人們意識到資源或時間有限時，行動意願與情感投入度會顯著提升。這種「有限效應」不僅能驅動人抓住當下，也能幫助人篩選掉無意義的消耗，將心力集中於核心價值與重要關係上。

生活延伸：告別中的成長

　　想像一位多年照顧病母的中年女子，在母親離世後，她並沒有因失去而崩潰，而是懷抱著對母親的深切感激，繼續將愛

與關懷投入到社區志工中。對她而言，結束不是失去，而是愛的延續與轉化。

行動策略：練習面對結束

- 談論無常：與信任的人交流對生命終結的看法，減少恐懼。
- 設立意義目標：用有限的時間去完成對你最重要的事。
- 創造回憶：刻意安排能長存心底的經歷與時刻。
- 接納變化：將結束視為生命節奏中的自然部分。
- 轉化情感：用失落感推動自己去創造更多正面影響。

學會面對結束，是一種成熟的生命智慧。當你不再逃避終點，而是將它視為生命的一部分，你才能用更深刻的方式去活每一天。

第 5 節　如果人生是一場選擇，那結局該由誰寫？

現象引子：自己故事的作者

我們常把人生看作一條既定的道路，好像結局早被環境、命運或他人安排。然而，真正影響結局的，往往是我們在關鍵時刻做的選擇。當你意識到自己是故事的作者，而不是旁觀者時，你就有能力為人生的最後一頁賦予意義與色彩。

第 25 章　死前的人生總結，其實早就藏在日常裡

理論解說：自主性與生命掌控感

自我決定理論（Self-Determination Theory）指出，人類的幸福感與動力來源於自主性、勝任感與關聯感。當我們感到能自主選擇並掌握方向時，內在動力會提升，也更容易對自己的生命滿意。讓自己成為結局的書寫者，是維持心理自主的核心。

學術連結：未來自我與決策一致性

心理學研究顯示，那些與未來自我有高度連結的人，更容易在當下做出與長期目標一致的決策。換言之，當你能清楚想像未來的自己，並把他視為當下選擇的受益者時，你會更積極地主導人生方向，而不是被動接受安排。

生活延伸：由自己定義的結局

想像一位經歷多次職涯轉折的建築師，原本順著業界的標準路徑走，但在五十歲時選擇離開大型事務所，成立專注於永續設計的小型團隊。這個決定並非業界的主流，但卻讓他在生命後半場實現了與價值觀一致的作品，並最終以此為自己的人生畫下滿足的句點。

行動策略：成為結局的書寫者

- 定義你的核心價值：清楚知道什麼是你生命中不可妥協的原則。
- 想像未來自我：具體描繪你希望在生命終點時成為的人與狀態。

第五部　你以為的終點，其實只是劇本再演一次

- 選擇一致性：確保今天的行動與未來自我相符。
- 拒絕被動安排：不讓他人或環境替你決定最重要的選擇。
- 保留彈性：即使有明確方向，也保留調整與修正的空間。

如果人生是一場選擇，那麼每一次的抉擇都是在書寫結局的一部分。當你主動拿起筆，並用自己的價值與願景引導故事發展，你將在最後一刻，讀到一個真正屬於你的結局。

第 25 章　死前的人生總結,其實早就藏在日常裡

國家圖書館出版品預行編目資料

被心理操控的一生：你以為的選擇，其實早就寫好 / 安旻廷 著. -- 第一版. -- 臺北市：樂律文化事業有限公司, 2025.09
面；　公分
POD 版
ISBN 978-626-7699-65-2(平裝)
1.CST: 自我實現 2.CST: 生活指導
177.2　　　　　　　　114013017

被心理操控的一生：你以為的選擇，其實早就寫好

作　　者：安旻廷
發 行 人：黃振庭
出　版　者：樂律文化事業有限公司
發　行　者：崧博出版事業有限公司
E - m a i l：sonbookservice@gmail.com
粉　絲　頁：https://www.facebook.com/sonbookss/
網　　址：https://sonbook.net/
地　　址：台北市中正區重慶南路一段 61 號 8 樓
8F., No.61, Sec. 1, Chongqing S. Rd., Zhongzheng Dist., Taipei City 100, Taiwan
電　　話：(02) 2370-3310　　　傳　　真：(02) 2388-1990
印　　刷：京峯數位服務有限公司
律師顧問：廣華律師事務所 張珮琦律師

-版權聲明

本書作者使用 AI 協作，若有其他相關權利及授權需求請與本公司聯繫。
未經書面許可，不可複製、發行。

定　　價：399 元
發行日期：2025 年 09 月第一版
◎本書以 POD 印製